U0828023

TopBook

一个人，遇见一本书　　饕书客

TopBook
蓥书客

歌行灯

［日］泉镜花

跨越三个时代的伟大作家
游移于现实与幻象的光怪陆离
『日本到处是花的名胜，镜花的作品则是情趣的名胜』
——川端康成

译者／周飞 王晓夏

陕西新华出版传媒集团
陕西人民出版社

图书在版编目(CIP)数据

歌行灯/(日)泉镜花著;周飞,王晓夏译.

—西安:陕西人民出版社,2017

ISBN 978-7-224-12159-9

Ⅰ.①歌… Ⅱ.①泉… ②周… ③王… Ⅲ.①短篇

小说—小说集—日本—现代 Ⅳ.①I313.45

中国版本图书馆 CIP 数据核字(2017)第 031090 号

出 品 人:惠西平

总 策 划:宋亚萍

特约编辑:鲁小山

策划编辑:王 倩 王 凌

责任编辑:韩 琳 张启阳

整体设计:哲 峰

歌 行 灯

作　　者 [日]泉镜花

译　　者 周 飞 王晓夏

出版发行 陕西新华出版传媒集团 陕西人民出版社

(西安北大街 147 号 邮编:710003)

印　　刷 西安市建明工贸有限责任公司

开　　本 787mm×1092mm 32 开 8 印张 1 插页

字　　数 135 千字

版　　次 2017 年 5 月第 1 版 2017 年 5 月第 1 次印刷

书　　号 ISBN 978-7-224-12159-9

定　　价 29.80 元

关于泉镜花

——写在《歌行灯》前

杨晓钟

泉镜花是日本跨越明治、大正、昭和三个时代的伟大作家，相较于夏目漱石、森鸥外、岛崎藤村、谷崎润一郎等中国读者熟悉的日本作家，他并没有那么知名，然而在日本，他的作品越来越被重视。日本近代短篇小说巨擘芥川龙之介形容泉镜花的“行文笔致兼备绚烂与苍古，几乎可以说是日本语所能达到的最高的表现”。

泉镜花原名镜太郎，生于日本石川县金泽市，父亲是雕金和象牙工艺师，母亲出身于日本能乐演员之家。因而镜花自幼便受到日本传统艺术的熏陶，青年时期他醉心于文学，后拜在作家尾崎红叶门下，悉心学习写作，他的笔名“镜花”就是尾崎红叶在他入门时所赐。1893 年泉镜花发表处女作《冠弥左卫门》。由于战争造成的社会矛盾加剧，泉镜花对社会的不公感到愤慨，他坚信永恒纯洁的爱。基于这个理念，他开创了日本的“观念文学”，并于 1895 年发表了《夜间巡警》和《外科室》，受到文坛关注，被视为“观念小说”的代表作。

后来泉镜花受到英国维多利亚时代浪漫主义及哥特式小说的影响，写作风格有了明显的转变，柳田国男的《远野物语》、平田笃胤的《稻生怪物录》等怪谈、民俗学作品成为他创作灵感的源头。1900 年问世的《高野圣僧》描写怪兽怪鸟袭击人的故事，说明人在世上要受到不可抗拒的力量、鬼神的力量、佛教的力量的支配，充满浪漫主义的色彩。而他的《草迷宫》更是以《稻生怪物录》为底本创作而成。

泉镜花的小说文字里，充满处于阳世与阴间、黎明与黑暗、男人与女人之间的想象，对读者而言最引人入胜的莫过于游移于两者边缘的灰色地带。对于受到歧视或差别待遇的团体，尤其是被排除在市民生活之外的人们，他深表同情，这种同理心在其作品中几乎随处可见。他始终坚持以独创的修辞、耽美的语汇及模糊暧昧的语境来描写心中的桃花源，梦与现实是不是该有明确的界分，在他的眼中似乎并不是那么重要，深层意识中长久压抑的爱恨情仇，反而能够透过故事中人物之间的微妙互动，清晰地呈现在读者的面前。小说《妇系图》(1907)、《歌行灯》(1910)是他最具代表性的作品，本书便收录了后者以飨读者。

《歌行灯》的结构别致，写作手法上接近于日本谣曲。作家将当天晚上发生的事和三年前的往事交叉着展现在读者面前,情节是按照谣曲“序、破、急”的固定层次发展的。开头(序段)酝酿气氛,接着(破段)介绍情况,最后(急段)全文在迷离恍惚间进入高潮,旋即结束,极具特色。除《歌行灯》外,前文所提到的《草迷宫》也收录于本书中。

后来的耽美派作家永井荷风、谷崎润一郎,也是受到泉镜花幽玄耽美文风的启蒙和影响,创作出了《隅田川》《春琴抄》《刺青》等名作。1909 年,泉镜花参加后藤宙外等人组织的文艺革新会,标榜反自然主义文学。大正年代发表了《天守物语》《棠棣花》和《战国新茶渍》等剧本,被称为唯美主义戏剧的杰作。他以追求美的观念和浪漫主义丰富了日本文学。

目录

歌行灯 1
草迷宫 82

歌行灯

一

热田神宫里的顶梁柱就像爱知县名产宫重大根一样笔直。在神殿里神佛的守护下，热田和桑名间的七里渡风平浪静。弥次郎兵卫和喜多八庆幸着往来两边渡口的渡船平安着岸到达桑名……

一个声音碎碎念着《东海道徒步旅行记》第五编上卷开头的那几句话，还是霜月十一月十日那天晚上八点的事。

在晴朗澄澈的寒空下，月光像冷水一样洗涤着繁星，一名旅客一边看着高架桥上列车车窗外的灯火和远处近处叶子掉得就剩下骨架的树木，一边下车站在了桑名站月台上。

一件和头顶的月光十分相称的黑色外套略显松垮地披在他消瘦的身上，头上戴了一顶软呢帽。帽子很新，但主人显然还没戴惯。他把帽子戴得很深，帽顶原本应该凹下去的地方被顶得凸了出来，帽檐连耳朵都罩住了。不光如此，防止帽子被风吹飞的绳子有气无力地耷拉在干瘪的脸颊上，仿佛可以看出一丝他内心的纠结，就像在说“本来出门在外应该戴斗笠，但这个年头斗笠又显得太格格不入”。他就是年岁六十二三，但心里还是个小伙子的弥次郎兵卫。

他一只手拿着一个云纹天鹅绒面的皮包，皮包上又挂了一个提袋，另一只手拿了一柄长伞拄在地上，嘴里念叨着：“看看，这就是《徒步旅行记》里说的‘庆幸着往来两边渡口的渡船平安着岸到达桑名，就着烤蛤蜊喝上几杯……’的地方啊。怎么样？去旅店之前，咱们在站前的小店里也来上几杯？‘怎么样啊，喜多八？’台词里是这么写的，但你年纪比我大，感觉有点儿别扭。不过啊，《徒步旅行记》里的弥次郎兵卫在伊势旅行的时候，和旅伴喜多八走散，又忘了相约见面的旅店是哪家，急得差点儿哭出来。不过你就像是在松井木那儿结识的旅伴吧。陪旅伴喝一杯，怎么样啊，捻平先生？”

“你又在说这个。”

听话人本就一脸不高兴，一听这话眉头皱得更紧了。同行的这位老人看着比弥次郎兵卫还要长个四五岁，一定有七十来岁了。一顶没有帽檐的海獭皮帽子遮住了他花白的眉毛，身上披了一件青灰色的羊毛旅行外套，下身则穿了一条紧身的日式棉布长裤，脚上是白袜和平底木屐。一个有些掉颜色的橘黄色包袱皮包了些行李斜挎在他的肩上，一只手里同样提着一个手袋。尽管他另一只手拿着一根手杖，但腰腿看起来却十分硬朗，是一个善解人意的老爷爷。

“不许叫我捻平，让人听去多丢人。叫我旅伴我倒是没脾气，不过要说‘松井木结识的旅伴’……就像强买强卖的小贩似的嘛。”说着说着还把手杖咚地在地上敲了一下，然后追上走在前面的弥次郎兵卫，抢先几步走出了检票口。

弥次郎兵卫有意没有去追捻平，而是跟在他背后，眼珠一转，从身后看着这位满嘴意见、隐居老人似的旅伴说道：“就是因为你这么说才叫你捻平呢。谁说在松井木那儿结识的旅伴就是强买强卖的小贩啊。不过如果再年轻点儿，没准儿还真去强买强卖了。哈哈哈……”

弥次郎兵卫旁若无人地笑着，检票员一把从他手里抓过了车票。弥次郎兵卫一下没反应过来，表情僵硬地看了检票员一眼。

原来是这样，这是在闲逛什么呢，这个老爷子是今天出站的最后一个乘客，火车早已开出老远，蒸汽机车在梦境一般的月光中喷出白烟——让人想起本地特产烤蛤蜊—— 一边用灯光点亮苍蓝色的原野，一边沿着铁轨奔向远方。

“没过一会儿，离开这里沿着街道前行，就听到了旅人的歌声……”

老爷子出了检票口，一副不以为意的样子，嘴里又嘟囔开了——

“捻平啊，真是句好词呢——

来上一碗高汤蛤蜊，宫里的阿龟……

“哎哟嗬，好哟好哟。”

“老爷，要车吗？”

火车站前昏暗的一角零散地排着四五辆人力车，其中一个车夫，抱着胳膊，慢悠悠地把身子从人力车的间隙里探了出来。

看到这个车夫，弥次郎兵卫歪了歪一边嘴角，半边脸上露出了笑容。

“太好了，你来得正是时候。不过，刚刚你那句话，怎么不说‘老爷们，不坐趟回程车吗’？”

车夫嘴上虽然应了一声“嗯……”，但显然没有理解对方为什么感到不满，呆立在那里不知所措。

二

弥次郎兵卫老爷子甩了几下外套的袖子，像是喝醉了似的说：“来，‘不坐趟回程车吗？’给我们演上一出吧。”

“我说‘不坐趟回程车吗？’就行了吧——不坐趟回程车吗？”

车夫听话地像说绕口令一样学着说了一遍。

“哈哈哈哈，有句绕口令说‘直呼法性寺入道前关白太政大臣会生气于是就叫法性寺入道前关白太政大臣大人了’，你这可真是神似啊。”说完之后弥次郎兵卫又哈哈哈地大笑起来。

“来，请您这边上车。”

揽到生意，车夫也不介意弥次郎兵卫怎么说，只管握紧车把，掉转车身让客人上车。

见车夫这个态度，老爷子好像是故意逗他，瞥了车夫一眼说：“哎哟喃，我们才不坐车呢，好哟好哟。”

“好什么，一点儿也不好。”

旁边一位像枯菊倚靠在支撑用的竹架上一样拄着手杖的白发老人，似乎在当空的明月中感受到了旅途的悲愁一样说道。

“快雇车。手里拿着行李，在这个人生地不熟的地方，你想往哪儿走啊。”老人像自言自语一样，嘴里嘟嘟囔囔地说道。

“不不，这里不说上一句好哟好哟，就对不上《徒步旅行记》的戏啦。然后喜多八插嘴说‘四文钱能坐车就鬼了’，然后车夫说‘四文钱可不行，不行不行’，这时候马才咴儿咴儿地叫啊。”

“年轻人，你别理他。快发车。载我们去河口附近一家叫凑屋的旅店。”

“两位爷请上车，一人一辆。”

“怎么都行，我们着急。”

一边说着，一边抓住车身面朝着车座上了车。踮起穿着平底木屐的脚，跨过放在脚边的皮包，任由肩膀上斜挎着的行李来回摇晃着也没拿下来。

“你我可是一条绳上的蚂蚱，死也死在一块儿，捻平你给我等等。”一边哧哧地笑着，老爷子也听话地上了车。

“去凑屋。”

“好嘞。”

两辆人力车随着一声吆喝，朝着月光和灯笼光照下的广场外出发了。人力车摇摇晃晃地行驶在尽是石子的坑坑洼洼的路面上，一会儿穿梭在两旁都是木板围墙的小道上，一会儿又来到了两边是土墙的十字路口。两个车夫应该在抄近道，拐过了好几个空无一人的路口。没过多久，一个两边都是两层小楼、路窄得像丝线一样的街区出现在一行人面前。月光被街边房屋的屋檐挡住，四下里很是昏暗，周围只有屋檐下三两盏灯笼发出白色的光亮。夜空中的星光透过枯柳的枝条，老旧的蓝色的墙壁若隐若现。长街尽头，消防瞭望塔的梯子将远山飘来的雾霭割成两股，让塔顶的铜钟清晰地浮现在夜空之中。

“半夜三更，小心火烛。”更夫的喊声和铜锣声让人得知现在已是深夜。两人乘坐的人力车驶入了一片冷清的花街。虽说世道不景气，但难得明月将窗格照得风情万种，桑名的艺妓们却早早打烊，进入了梦乡。

在车轮下不断奔向后方的街道，像一条流淌着水银的小溪。路两边一栋栋古屋前漆黑的柱子，就像祭祖的水獭走过两边挂满灯笼的铁桥[①]。

搭着捻平大爷的人力车忽然停了下来。

是歌声……和闪烁的繁星共鸣的歌声，让寂静的花街屋檐上也能听到的人力车的喧嚣重归沉寂，像一条银色的丝线牵着千里之外筑前博多湾中倒映的明月随着海滩的波浪涌入河口。

系好博多带，
穿上筑前衣，
走上三两步，
不似乡下人，
柳町花街见，

---

①水獭有将捕获的鱼整齐排列在河岸的习性。日本文化将水獭的这个习性拟人化，认为水獭是在祭祖。此处作者将街道比喻成一条流淌着的水银河，将两边古屋的柱子比作水獭祭祖时摆在河岸边的鱼。

……

博多曲的歌声静静地流淌在巷间。就在跟前的屋檐下，一个瘦骨嶙峋的男人低着头，像影子一样伫立在写着两个大大的红色大字“乌冬”的招牌前面。一条洁白的手巾盖过头顶，在下巴上打了个结，遮住了脸的两侧。

捻平顾不得把斜挎的包袱皮解下来就朝后面的车望去，招呼了一句。这会儿弥次郎兵卫坐的那辆车正好也赶了过来，将博多曲的歌声夹在两辆车之间，“吱——”一个急刹车停了下来。但是，车夫似乎没听明白捻平的意思，车子又朝前奔去。后面跟着的车也跟了过去。两辆人力车差点儿碰在一起，但很快就又像刚才一样，一前一后融入了深深的夜色中。

三

月儿枝头照松影，

哟嘿，哎哟嗬。

歌声就像往海面摇曳的月影里丢下去的拨子一样，劈开深夜的寒气……站在乌冬店门前弹唱博多曲的男人略微抬起三味线的琴杆，松开了按住琴弦的手，另一只手倒握着拨子，用拨子把儿挑开了被灯笼照得微微发红的店门。

“叨扰了。”

靠在账台边上正听得入迷的店老板，隔着煮面锅里冒出的蒸腾的水汽，看到一双清澈的眸子出现在对面，猛然一惊。店老板穿了一件藏蓝色的窄袖和服，腰系一件没有花色的围裙，草绿色的棉布长裤露在外面，衣襟撩起来塞进了衣带里。他忽地站了起来说："出钱？没门儿。"

这么说，可真不厚道。……一想就知道，这是一早儿就打算好了，店门口卖唱的人唱歌的时候白听，可一到了付钱的节骨眼儿上，就给人家来上一句"没钱"，可万万没有想到"手巾"会在这会儿闯进门来，着实狼狈了一场。幸好店里没有别的客人。

卖唱的一脸事不关己的表情，一只手在背后合上拉门，一只手提着三味线，含着笑说："哎哟，不用老板您出，我进来还不成。……嗨，老板娘，我说得没错吧。"

老板娘也不例外，一看就是不觉间听博多曲听入了迷，呆呆地站在煮面锅前的水汽里。……白白的胳膊搭在厚实的锅盖上，一条蓝绿色的带子将和服长长的袖口系起，圆圆的髻子束在脑后，牙染得黑黑的[①]，是个皮肤白皙、年近三十的女子。老板娘眼角一下湿了，穿着木屐咔嗒咔嗒地穿过灶台，隔着老板的膝盖就把手伸进了账台。

---

①日本江户时代有已婚女子将牙用含铁的染料染黑的习俗，表示不侍二夫，传说有预防蛀牙的效果。

“唉,您别着急。”卖艺的善解人意地说,“开玩笑的,我不是来要卖唱钱的,我是客人,我是客人,吃面的。”

刚进店门,有一片细长的没铺地板的地方,对面铺了六张有些脏了的格子花榻榻米。再往里走几步就能在榻榻米上落座,但卖唱的却静静地走到面锅旁的长凳边上说:“这外面真是冷得不得了,就想着来喝上一杯。嗯,老板,绝不给您添麻烦。”

卖唱的说完,轻轻取下了系在头上的手巾。他的长相不似坏人,清晰的五官,瘦瘦的脸颊,微陷的眼窝,粗粗的双眉,再加上清澈的双眼,是个年纪二十八九、面相十分善良的青年。

“嘿嘿,客官,多谢惠顾啊。”

老板走了过来,一边搓着双手一边说。

“不过,最近一直晴天,还真不错啊。”老板抬头望了望挂满煤灰的天花板,又将视线移到了账台头顶的神龛上。

“师傅,”老板娘轻轻在围裙上擦了擦手,莞尔一笑说,“给您温上一壶酒?”

卖唱的把拨子放在手巾上,麻利地把三味线挂在腰边,先是抬起一条腿,然后光着脚盘腿坐在了长凳上。

紧接着,他把衣襟压在腿下,坐正了说道:“快,来一壶好酒!”

“这就给您倒一壶最好的。”老板娘眼睛直直地盯着卖唱的，穿过店门口，走到左手边榻榻米上摆着的火盆边上，用挑火棍胡乱挑了挑里面的火炭，待火呼地蹿了上来，便把火盆搬到了卖唱的身边。

“来来，您先烤烤火。”

“谢谢您嘞。”

卖唱的把火盆拽到两腿之间，呼地长吁了一口气。

“哎，这世间竟然有这么暖的火，让人想起家乡，反而觉得更冷了。真受不了。老板娘，给我热一壶滚烫的！我这人的臭毛病，喝上一口就想大醉，说来真是丢人啊。唉，你说呢，老板？”

“嘿嘿嘿，这位客官，给您一壶滚烫的。”老板娘赔着笑，露出了漆黑的牙齿说，“您请您请。”

四

“刚刚好像看到两台搭了客人的人力车停在店门口，然后又朝着镇里跑了过去……”卖唱的拿喝空了的酒盅指了指门外说，“在淡蓝的月光里，看到他们向前行了两三町的距离，停在了左手边一个屋檐很大的宅子前。那是旅馆之类的吗？”

“那是凑屋吧，对吧？”老板娘站在灶前，看了一眼老板。

“凑屋，凑屋，凑屋。在这附近要说旅店，可是仅此一家别无他号。屋子有些老了，不过口碑非常好的。以前是个很大的青楼，后来变成旅店了，房间都保留着以前的老样子，最里面一间大厅，窗外就是揖斐川的入海口，还有挂着白帆的帆船从那儿经过。还有鲈鱼呀鲻鱼什么的从海面跳起来。这么有风情的旅店可真是少见啊。不过，听说时不时还有水獭从海岸后面的石墙爬进来捉弄人，弄灭缘廊和厕所的灯。但是它们只是捉弄人，从不害人。像今天这样的月夜，它们还在庭院里表演曲艺助兴……有时候晚上下起秋雨，给上一个铜钱，还给客人买豆腐。这也是客人的乐子，所以这家旅店口碑特别好……客官，您来镇上不久，还不了解这些吧？”

“是，昨晚刚漂泊到这里。东西南北都分不清，简直是瞎子摸象。”

卖唱的低下头，喝了一口酒，接着说：“嘿，趁着面还没软，赶紧吃上一碗热乌冬，暖暖身子。哎哟喂，坏事了！哎哟。”

说着揉着眼背过脸去。

“哎哟，真辣，真辣，这辣椒可真要命啊。在老板您面前说这个也许不太合适，前几天我在松阪也干过同样的事儿。唉，真是嘴馋要了命。心里想着，反正是关西的辣椒，肯定没多辣，也就是鬼灯草的皮儿一样，辣也辣不到哪儿去，真是太小看了。反正是不要钱的调料，就撒了一碗，结果辣得当场就蹦了起来……您看，我又放了辣椒。辣得都差点儿破相了，眼泪和口水一起往外流。”一边说着一边用指甲挠着脸。

老板娘正在给卖唱的热酒，用手背试了试酒壶的温度。

“师傅，您是关东出身吧？”

“是啊，我生在关东，不过却是个四处漂泊的人。”卖唱的一边说着，一边拿着酒壶往酒盅里倒着酒。

“那客官您等会儿是要去凑屋住宿？”

“您可别开玩笑。住处我已经找好了。席子、斗笠和草鞋留在客房里看家。老鼠从墙上的破洞里探出头来等着我回去呢。在这桑名我打算待上四五天……如果我看起来是能住得起凑屋这么高级的旅店的人，那还不如让您留我一晚呢。怎么样啊，老板娘？”

“如果您还看得上这儿的话。”老板娘拿着酒壶，轻盈地走了过来。

老板皱了皱眉头说：“净胡说。”一边说着，一边像要挡着卖唱的似的背靠着账台坐了下来。就在说这话之前，他还把手缩在深蓝色的外套里，像个稻草人似的站在那儿。

“哈哈哈哈哈，不劳您说我也知道啊。能在乌冬店里过夜的，要么是酱油，要么是木鱼花啊。”卖唱的一个人呵呵地笑了。

“师傅,我给您斟一杯。”老板娘从方格子花的榻榻米边上向前挪了挪,探出身子,隔着店门前的空当儿,面对着卖唱的,拿起了酒壶。

“看您太客气了,您忙您的吧。”

“我家主要的活计其实是给艺妓的客人送外卖,您看现在也没什么生意。师傅您可真是一副好嗓子啊。那口子,我说得没错吧?”

“是啊。”

老板呼呼地吐了几个烟圈,赞同道。

“那还用说。刚刚您唱的那段博多曲,我一听……我呀,真的是唱到了我的心里,听得我全身直哆嗦啊。”

五

“您这太过奖了,多见外啊,害我酒都醒了,恨不得找个地缝钻进去。我不过是个街边卖艺的……”

卖唱的有些不好意思地把双臂抱在胸前。

“我可不是恭维您,我说的都是真心话。嗯,那个……那个……没错,听得让人起鸡皮疙瘩,让人沉醉,像被人抱紧,像整个人被抛出去,像放松,算了,我也不知道怎么说合适。如果海里有一棵柳树,像是让人想跳进月光在水面照出的树影里寻死。这心情真的不知道怎么用语言表达。”

老板娘扭着身子嘴里不停夸奖道。

“那口子，那口子。”

老板不由得心里吃醋，闹起别扭来，叫住妻子。

“什么事?”老板娘一回头就看到老板一脸严肃地站在神龛下面，一边翻着账簿，一脸不乐意地看着老板娘。

“酒店的账还没收来吗?”

一边说着，一边把算盘打得噼里啪啦响。

“怎么忽然说这个？还没到月末呢。……我说师傅啊。”

“什么师傅。我说酒店付账的事。”

“你那么想收账，那你自己去收啊。”

老板娘一句话顶了回去。老板被顶得一句话也说不出来，毫无还嘴之力。

“二除二等于一除一，二除二等于一除一，十除二得五，五一三六七八九。”乌冬店的账本来加减法就能算清，但这时候老板似乎是研究起酱油怎么加水兑出调料汁来了。

就在这时，屋外的寒夜中响起按摩笛的旋律，传进了水汽腾腾的店里。明月当空，在这个冬季的小镇里，这笛声就像吹进店门的秋风的声响。

卖唱的情不自禁地抱住了自己的双肩。

“啊啊，这调子，听得人一个激灵……”卖唱的说道。这笛声，宛如诉说着一个故事，就像晴朗的寒夜，听起来直刺心头。

“来按摩的师傅了呢，老板娘。”

“是啊，还吹着笛子呢。”

“妈的，这曲调真是让人心里难受啊，听了直打寒战。”卖唱的说着双膝分开，坐正了上身，把喝了一半有些冷掉的茶水倒进饭碗，又哗的一下泼在了店门口旁的地面上。

卖唱的把饭碗递向老板娘说道：“酒盅那么小，您给我倒上一碗，也省得总麻烦您斟酒了。”

“瞧您说的，我怎么会嫌麻烦呢。”

“您待客有道我很感激啊，就好比水壶下面放上烧红的火炭，或者说还没等醉呢酒就醒了的时候，用冰狠狠去剜上几下喉咙。听到那尖锐的笛声，痛苦得身体像要裂开一样……再满上一碗！”

卖唱的一抬手，一碗酒转眼就干了。

“喝得漂亮！”

老板娘瞪大了眼。

“不过，您可悠着点儿喝。还有好多人挂念着您呢吧。”

“那口子，买菜的钱，咱给卖菜的了吗？”

老板眨着眼问，但话里没了刚才的底气。老板娘心里想着逗逗老头子，头都不回就答道：“人家来收账了再付也不迟啊。”

“嗯……是三百零三钱吧?”

老板清了清嗓子,手里胡乱打着算盘。

“老板娘。”

卖唱的嗓音有些低沉。

“您有啥吩咐?”

“再来一碗酒。这碗喝完了,再给我预备一碗。听到了吗?”

“好嘞,听到了。您真能喝啊。”

“如果连酒都喝不了……”

卖唱的用快活的语调说着,又忽然抬起脸瞪大了眼睛。

“嗯? 按摩的笛子,怎么又来了? 北边的路口那边来的……不,夜还不深,就在一家之隔的邻街……田埂上也有人在吹。”

卖唱的心神不宁地单膝跪坐,四处瞅着。

“声音一样但声调不同……老板娘,这些按摩师都长什么样子?”卖唱的问道……就在这时,戏班的领班在店门外,仰头看着乌冬店的房头,锐利的眼神在月光下泛着青光。

“我说客官您啊,又不是看小鹿是公还是母,光听声音怎么能分辨出按摩师的身形长相呢。”

“也是啊。”

卖唱的落寞地笑着看了一眼面前斟得满满的酒。

“领班的，不如对饮杯中明月吧。”他低着头独自说道……也不知是不是博多曲的词，只觉得昏暗又寂寥。月光冰冷地照着十一月的寒霜，照得店门口的纸拉门像变得透明一般。按摩的笛声回响在路口、回响在小镇中，和涛声交织在一起。

六

“噢，按摩的。怎么了，忽然过来吓我们一跳……不需要啊，不需要。”

弥次郎兵卫说道。湊屋的里间保留了传统建筑的格局，一个地板稍高的十叠套间外面是一个六叠的外间。拉门后面紧接着就是缘廊，栏杆旁的玻璃窗外的景色，笼罩在蒸腾起的水汽之中，让万里无云的夜空也显得雾气蒙蒙。揖斐川河口细长的沙洲附近的水面映照着一颗明星。入海口附近，潮水蒸腾起的水雾，像茅草做的屋顶一样罩在月亮上。渔船拴在岸边，晾挂着蓑衣的桅杆整齐地排列在岸边的石墙外。房间里，弥次郎兵卫把烛台放在身边，手烤着火盆，一脸诧异地絮叨起了《徒步旅行记》里的桥段：

接着，一个二三十岁的女下人说道：“您到得真早，一路上辛苦了。”说着摆好了茶，便退下了。我正想着要吃饭喝酒，忽地冒出了一个人，究竟是谁呢？……

我看着那个下人出去，心里想着："这进来的要是个年轻的下人，那可得好好看看她的正脸。"结果万万没有想到，进来的那人竟然长了一张霜打的冬瓜又被草鞋狠狠地拍过一下的脸。那张怪异的脸从纸拉门的背后斜着探出来说道："我是按摩的。"

不偏不倚，她的衣领很是暴露，后颈露出了一大截，侧身坐着，上身前倾，悄无声息地将身子探到了纸灯笼的对过。这阵势，看起来像极了带着雪女去见越入道[1]的宅子的妖怪中介。

然后，我说我不需要按摩，她默默地向后退了退，又悄无声息地融进了昏暗的走廊里……真是的，"怨敌退散，怨敌退散。"

他苦笑着说完，看了看年迈的旅伴。头顶的头发有些凹进去的老头子正在壁龛前烤火呢。

"我说捻平老爷子，咱真不想上年纪啊。一般来说，这个点儿不都是来弹三味线的吗？结果这吃饭前竟然来按摩的了……人上了年纪，就被看扁了呢。"

---

①日本传说中的妖怪。从墙垣探出头窥探路上行人。刚开始他是普通人的大小，但遇到路人时他就会变大，然后从上方俯视。

“你这个老不正经的。咱们刚到旅馆、进门的时候，老板娘特意来玄关迎接我们。看她梳着寡妇髻，肯定都已经退休了。你竟然盯着人家说起了《徒步旅行记》里的台词：‘哎呀真是难得，佛龛里有个大美人呢，从格子天花板飘然而降，我要是死了也想去那儿。’都怪你胡说八道，才出了这么多怪事，这个宅子又老又大的，忽然出来点儿什么也不足为奇吧。”

捻平抬头仰望圆木做的柱子。

“这根柱子是前年的桑树做的吧，高得连河底都看不到。房间里灯光昏暗，据说水獭还会闯进来。下次你还是长点儿记性吧。”

“就听你的，这次还真得长点儿记性了。”

弥次郎兵卫鼓着腮帮子笑道，双臂抱在胸前，挺胸抬头看着门框上面挂着的匾。匾上写着“临风榜可小楼”。

“这匾上写的可真对。”

“壁龛的花瓶里插了一束白色的小菊，摆放不拘形式，噢噢，真有情调。”捻平表扬道。

“你看你这话说得真是老气横秋。”

“还说我呢，刚说完要长记性，就又开始口无遮拦了。看看你的袖口吧，有一双有毛的爪子伸出来了不是，是揖斐川的水獭吧？”

“真的假的？”

弥次郎兵卫转身一看。

“哎哟喂！”

“你那是什么啊？”

“哈哈哈哈哈，我大概是生得粗心大意，经常丢东西。我家外婆想出来一个好主意，把左右两只手套，像这样，用线缝起来。然后把线绳挂在脖子上，穿过袖子，再戴在手上。多精明的主意啊。就算是看在这么挂念我的外婆的分上，咱也不能浪费钱财叫什么艺妓啊。”

“老狐狸。”

捻平说完端着肩膀背过身去。

“喂喂，女佣来了。快收起来快收起来。”

弥次郎兵卫说着把手套塞回了袖子里。

女佣过来问：“您要收拾东西准备离店了吗？”

“不，我们刚来。我们要住店，不是离店。”弥次郎兵卫认真地答道。

二十刚出头的女佣肤色稍微有些黑，但五官十分端正漂亮。听了弥次郎兵卫的回答，有些困惑地说道：“那您要用膳吗？”

“先上酒吧。”

“您要什么下酒菜？”

“这还用说，当然是这里的特产——烤蛤蜊。”

七

“说实在话，现在镇边还有搭起凉棚卖烤蛤蜊的。蛤蜊这东西不用松塔烤是不好吃的。所以我们家都给客人上蒸出来的。蒸的时候加些味啉，可好吃了。”

“听起来跟烧烤摊上卖的烤海螺差不多呢……望着不远处路两边的松树，这边用松塔小火慢烤。月色里烤蛤蜊的烟飞散空中，不咚咚地来上一段龙王庙的田乐舞怎么行。龙王庙的公主戴着头巾舞上一曲。想想看还真是别具一番风情，不过倒也不至于专门为此出一趟门……今天就来上一碟味啉蒸蛤蜊好啦。”

老爷子满意地点头道。

“您点蛤蜊对吧？”

“你说什么？”弥次郎兵卫故意伸出耳朵问道。

“我是说您就借蛤蜊喝酒吗？”

“不，我还是借你们的酒杯喝吧，哈哈哈哈。”

弥次郎兵卫独自笑了。从怀里拿出来一本《徒步旅行记》第五卷，敲了一下自己的额头道：“谢谢啦。”

女佣不由得扑哧一声笑了出来。

“咦，难道您就是弥次郎兵卫先生吗？”

“没错。……这次去参拜伊势神宫，机缘巧合住在了一家叫五二馆的旅店。在去神宫的路上，经过了古市一家叫作藤屋的旅店。上次在那儿受了很多照顾，所以我坐的人力车路过店门口的时候，看到幽暗的店门里那个烧得红红火火的黄铜炭火盆，不由得坐在车上摘下了帽子，向店里的人点头致意。无奈巷子太窄，我这个秃了一半的脑袋啊，刚好被街对面茶屋的少奶奶看了个正着。”

说着，还故意把脑袋冲着灯光晃了一下。

“呵呵，呵呵呵。”

“啊哈哈。”

捻平笑了出来……对门房间男女一行十四五人像是被捻平带的一样，忽然爆发出一阵欢笑。两个人刚进屋的时候，隔壁房间里三味线的声音、手鼓的声音，咚咚锵锵，热闹得像开了锅。但就在刚刚按摩师进来前后，隔壁的聒噪像是海水退潮一样渐行渐远。热闹逐渐变成了寂静，在一片宽广的空间中，艺妓学徒们像是一边叫着一边跑来跑去的猴子一样叽叽喳喳地喊着什么，同时空气中又交织着很多人交谈时发出的低而沉重的说话声，像吹过洞穴的强风一样。

女佣待隔壁的笑声告一段落，便轻轻地站起身来。

“哎呀，比起隔壁，咱们这边有点儿沉闷呢。”

“应该说‘沉稳’才好。”

捻平蜷缩着身子烤着火盆，抄起了弥次郎兵卫丢过来的《徒步旅行记》翻开来看着。

“说来，我想到了一个好主意。我睡觉睡不安稳，所以今晚就就着枕边的灯笼读上一读吧。”

“你快算了吧。这书看了你肯定心中难过，反而更睡不着了。”

“你这是闹什么别扭呢。哪有人看《徒步旅行记》看哭了的。你还说我是捻平，我看你才是捻平。”

捻平话音刚落，刚下去的女佣带了一个小丫鬟进来，摆上了餐桌和酒壶。

“蛤蜊这就给两位上来。”

“好，好。”

“别说别的了，先喝酒。”

捻平也急忙拿起酒盅。

“对了，给你也来一杯吧。趁着现在温度正好，先喝上一杯。”弥次郎兵卫像所有喝酒的人一样颤颤巍巍地拿着酒盅，先是自己喝了一杯，然后把酒盅端端正正地摆在了《徒步旅行记》旁边，正色道：“大姐，给他倒一杯吧。”

正在给捻平倒第二杯的女佣看到小丫鬟一脸不解，立刻会意道：“喜野，快给客人倒酒。这位客人可是弥次郎兵卫，所以他是要敬喜多八先生喝上一杯呢。”

八

这时，老头子却不知为何放低了声调说：“啊啊，说得好。还得感谢你，肯叫我一声弥次郎兵卫。这间客房很舒服，酒也好得很。如果有喜多八一起跟着来的话，那可就真的跟《徒步旅行记》的情节一样了。话说，刚刚放在那里的酒杯里倒映着飘摇的烛光，像是给进了饿鬼道的死者的祭品。那个混蛋，也不知道现在怎么样了——”他的手拄在膝盖上，盯着榻榻米上摆着的酒杯，一脸阴郁。

捻平也不由得侧过脸去，双臂抱在胸前。

“老爷，这次怎么没叫上喜多八先生呢？”女佣赔着笑。

弥次郎有些落寞地微笑着说：“嗯，就是那啥啊，跟那本书里讲的一样，在伊势一个叫山田的地方走散了。你想想，是不是有这么一段……都一把年纪了，还是戒不掉玩心，既喜欢喝酒又喜欢瞎闹，说白了，这一辈子就像是一场旅行。无论是寒是暖，六十来岁的老头子一跟当作拐棍的年轻旅伴分开，就连路都找不到了。‘打听一下，这附近有没有一家叫什么藤子的旅店啊？’在热闹的镇上独自一人，跌跌撞撞四处打听，说着‘真是的，都绝望了’，就随便坐在了一家店的门口，喝杯茶还得管人家讨……捻平啊，看到这里，可真要把人看哭了。”

说完,他的眼中映出了摇曳的烛光。

“大姐,帮忙把蜡烛芯剪短点儿。”

“好。”

女佣转过身去,捻平也眨了眨眼。

“咦,外面怎么这么热闹?”

捻平伸长了脖子,歪着身子向过道对面的房间望着。

“哎哟真不得了,连铁盆都上来了。人都四脚朝天了,盘子和碗在榻榻米上跳舞呢。噢噢噢,三味线和太鼓互不相让,争奇斗艳呢。”

“隔壁声音这么大,一定吵着您了。不过这也是没办法的事情。现在正值十一月,是送今年的新兵进军营的时节,远近各处都在开送别会,到处都是这个样子。不过等快到就寝的时间,他们也就结束了,到时候就会安静下来。请您再等一会儿吧。”

“不不,你们也不用着急。”

老爷子看了看两个女佣,摆摆手。

“热闹一点儿,我们反而更高兴。太安静了,万一再来按摩的可受不了。”

“您是说按摩的吗?”女佣不知道老爷子葫芦里卖的什么药,困惑地反问道。

捻平重重咳嗽了一声,打断了他们。

“来来，再干一杯。你们再叫些人来给我们斟酒吧，怎么样？……再来一段那个啥，就是你们桑名有名的那个……《桑名县官老爷茶泡饭》吧。来段热闹的，活跃一下气氛。人在旅途也不怕丢脸。你来唱一段歌舞伎的《劝进帐》吧。

“不过，演这段得戴上假胡子才行。那我就把手巾叠一叠，盖在头顶吧。”说着捻平坐着伸直了腰，摆正了姿势。

弥次郎瞪大了眼睛。

“哎哟，这可是有史以来头一遭啊。难得听你提出来说想干点儿什么。行，今天就按你说的来吧。”

弥次郎整个人都精神起来了，抬起头来，挺直了腰板，说：“大姐，去喊上四五个人，谁来都无所谓。”

女佣倒满酒，把酒壶笔直地立在膝盖上。

“唉，刚才对面房间的客人说，要再叫上一两个人来着。喜野，你去问问还有没有艺妓了。”

丫鬟摇了摇又小又胖的头说：“后面说已经没人了。”

“这样啊。真不巧，两位老爷。我们这儿是个小地方，艺妓的人数也实在不多。像现在到处都在开宴，有名的艺妓一眨眼就被抢光了。两位老爷毕竟是东京来的客人，总不能因为没人就随便找些技艺不精的来凑数。要么姿色，要么技艺，不占上一样，也入不了两位的法眼……”

“不，我们今天哪怕不交房钱、半夜偷跑，不听上一段三味线决不罢休。只要不是独眼龙，只要不是豁嘴唇，哪怕是二手商店里看门的老太婆也给我们叫来。”

“您等一下。想起来了，岛屋他们家那个新来的艺妓肯定还在。喜野，快去，打个电话叫来，跑着过去。”

九

“拿过来！唉，怎么是风车？”

那个在乌冬店喝酒唱博多曲的卖唱艺人忽然大声说。在十一月的寒夜里喝温酒，在这清冷的月光下也是很快要醒的，所以卖唱的皮肤没见泛红。但是，因为他刚刚一口气连着闷了两三碗酒，所以眼角多少还是泛着些醉意。

“大半夜声音弄这么大，又是咚咚的太鼓，又是吱吱的笙笛，我们这儿可有孩子呢。我说得没错吧，他妈？……哦不，老板娘。话说，我觉着，这里，桑名这里，按摩的是不是特别多啊？”

他嘴里说着，但眼中却对笛声泛着不安的神色。

“您问的问题可真怪。都说按摩的人眼睛像牡蛎。但桑名的特产是蛤蜊，所以按摩的也不是那么多。但这附近是新开的地，花街也是新出来的，附近又是旅馆，所以他们过来找活儿干也是再自然不过的事。”

“是啊，这是最近才建的啊。”卖唱的似乎给自己找了个理由，一只胳膊无力地支着。

“师傅说，您待会儿去青楼门前唱上一曲，没准儿啊能迷死人呢。”老板娘一边说着，一边把手里漆涂的木盆翻了个面。

“您净瞎说，真把人迷死了可怎么行。而且，艺妓屋门口可不是说去就能去的。”

“为什么？”

“运气不好，会碰到仇人。”

“什么？不是都说艺不压身的吗？师傅，难道是因为您帮了艺妓，才落到现在这个境遇？……原来如此，都是仇人害的。”

“不，不是这样！我是艺妓的仇人。”

“哎呀，您可别轻易说出这样让人嫉恨的话。”

小镇笼罩在朦胧昏暗的月光中。光是看看屋檐下的样子，就能知道这里的昏暗沉闷的氛围。咔嗒咔嗒，咔嗒咔嗒，木屐走路的声音，从门缝里渗了进来，回响在房间里。……紧接着，按摩师的笛声就顺着脚边滑了进来。

卖唱的朝着声音传来的方向瞪了一眼。

“刚聊到艺妓，艺妓这就来了。你想看，就拉开拉门看一眼好了。……不过你可想好了，没准儿会被仇家打一顿呢。”

“唉，想打随时来打就是了。啧，这笛声可真叫人心烦。”

这时，咔嗒一声，纸拉门被人从外面拉开了。

“哎哟，吓人一跳。”

“晚上好。来六碗乌冬面，着急要。”月光下，一只通红的鼻子探了进来。来人是一个小伙子，脚蹬一双草鞋，身穿一件印着店名的短衣。

“好嘞。”

店老板高声吆喝着，嗖地站起来。

“那口子，快过来。”

老板娘一脸事不关己地问道：“脚步声真好听，是谁家的艺妓啊？”

“最近刚从山田的新町搬过来的，是岛屋家新来的艺妓。”红鼻子的小伙儿说着，转过脸朝外面看去。

卖唱的朝背后的墙壁仰着身子，伸着脑袋朝门口小伙儿的背后看去。洁白清澈的月光下，是通向花街的小路。

这么一会儿的工夫，木屐的声音渐渐远去，但依然能听到咔嗒咔嗒的声音。

“叫艺妓的客人很多吧？”

“哪里，没有您家乌冬面卖得好。”

“待会儿就给您送去。”

“那麻烦您了。”小伙儿留下一句话，走了出去。

老板从账台后出来，背着身子伸腿去够木屐，叮叮当当稀里哗啦地翻出了送饭用的挑子和托盘。哈哈,毕竟是个夫妻店,到了送外卖的时候,老板还得受累亲自送饭去。

“店前店后都要小心啊。听到了吗?千万小心!我顺道去别处转转。知道了吗?那口子!”

老板说着,前前后后打量了一圈,觉得外面月光明亮不用灯笼,便一只手揣在怀里,粗暴地拉开店门走了出去,也不知道关门,肩上挑着扁担一晃一晃地走远了。

门外进来的寒气将锅里蒸腾而起的水汽分成两股,在卖唱的脸上投下一片阴影。

老板娘从一旁走过来。

“您打算在这儿发呆到什么时候?就这么怕遇到仇家?”

“老板娘,在桑名这地方……给艺妓拿三味线的都是按摩的师傅吗?”卖唱的打了一个寒战,这才抬起脸朝老板娘看去,面如死灰。

十

“退一步讲,同样一种草,在大阪叫芦苇,在伊势叫浜荻。说的道理是,土地不一样,习俗自然也不一样。但就算这样,说给艺妓拿三味线的都是按摩师,也太夸张了。但是,刚刚那个叫什么什么屋的新艺妓咔嗒咔嗒地从对过走过去。她身上穿的和服,在经过隔壁的隔壁门前的灯笼时是绿色的,在月光下又有些发蓝，但我肯定没看错，那是宴会上才穿的紫色和服。她走路非常有教养，衣角分毫不乱，文文静静的，低着头走过去，还能看到她白色的衣领。脚步还有点儿沉重，看上去有些沮丧……她背后，是一条深灰色的影子。如果是月光留下的影子，肯定会映在地面上。但你看她身后那个影子，就像是路边的石刻一样吓人，隔了四五尺的距离，紧紧跟着她。你看他的腰、肩膀、走路的步伐，还有他奇形怪状的脑袋，怎么看都像是做按摩的盲人。就像孩子们玩的蒙眼抓人、捉迷藏。……我呀，就是说，如果是盲人去给艺妓拿三味线就太怪了，不过也许是拿三味线的瞎了眼睛也有可能。”

“那人什么样？我去看看。”

老板娘作势就要往外走。

“不，已经走远了。应该已经进了叫他的旅店，身影已经看不到了。哦，照您刚才说的，应该是没有瞎眼的给艺妓拿三味线啊。啊，又听到笛子声了……是影子，是笛声的影子，听起来就是按摩的笛声。寒月之下，如果这笛声继续吹下去，桑名这镇子不就成了人间地狱了吗？受不了，真受不了。”

说完，卖唱的猛地闷了一口酒。

“唉，借酒浇愁，老板娘你也来陪我喝吧！虽说老板不在家，不过店门大敞着，倒是不怕人说闲话……管他呢，你从街对面隔壁的隔壁的屋顶上看过去，远处的雪山，像是雪人一样地看着我们呢。”

卖唱的刚朝门外看去，就听他“啊”地叫了一声。

“来了，来了，来了，真给我来了，来了啊，按摩师，按摩师，是按摩师！”

卖唱的连气都没喘，不停地喊着。这时，街上一个按摩师大概被他的喊声吸引，忽地站住了脚步，像一座冰冻的雕像。他的拐杖歪斜地拄在脚边，抬起白色的眼珠，不大的鼻头泛着月光。卖唱的也不知道那是人还是一个黑夜里的影子。

“是影子吗？是影子吗？老板娘，他是真人，还是影子？”

卖唱的喊着问道。

“如果是真人，您又要怎样呢？您这么想念按摩师？”

“想念啊！啊啊。”

卖唱的大声吐了一口气，又转眼向门口看去，皱起了眉头，高声笑了。

“哈哈哈哈哈哈，看我这样子，是想按摩师想疯啦。哦哦，按摩师，按摩师，快进来。”

卖唱的拿开放在身边的拨子，拍了拍长凳。

“我要按上一按。老板娘，不好意思，借贵店宝地一用。”

“要按的话，不如干脆在榻榻米上躺着按更好。按摩师，这边客人要按摩啦，进来别忘了关门。”

“好。”

按摩师回答后，门外便传来了咔嗒咔嗒的木屐声。

“您说得没错……我呀，已经跟影子没什么区别了。”

按摩师沙哑的声音随着白色的哈气一起从嘴里飘出。他在黑色的平织薄料衣服外面套了一件羊羹色的外套，橙色的灯光融进了衣服的褶皱里，看上去有些发红。周围的光线消失在按摩师脚下的木屐下，然而按摩师的身形却并没有消失，一只手像游泳一样摆了摆，另一只手像要拨开店中的酒香一样向前摸着，走进了店门。

“让你听到了啊。”

卖唱的言语间露出些不乐意的意思，把摆了五六个酒壶的餐盘挪到了一边。

“嘿嘿嘿。”按摩师吸了吸鼻子，又有些羡慕地吸了吸周围的香气。

“我都快等不及了，就算外面跑过去一只狗，我都能错看成按摩师。不不，我可不是在骂您……正在我找按摩师的时候，你正好走过来。我喝醉了，还以为自己又看到了幻影。”

“这位客人真是等不及了。说实话，他从刚才就一直在听着笛声，我还觉得有点儿怪呢。我这才知道，原来他一直在等按摩师。”

“谢谢您，老板娘，祝您生意兴隆啊。”

“这位客人就一个人，您帮他好好按一按。如果客人睡着了，今晚就让他住这儿好了。”

老板娘说道。

按摩师若无其事地说：“好的，就按客人吩咐的，我会给他好好按一按的。”

说完，他抓住自己的手，仿佛要把骨头揉碎一般使劲儿揉了一下。

“老爷，这边请。”

“我可不是老爷，我只是个叫花子。”卖唱的说完又闷了一口酒。

老板娘偷偷看了他一眼：“看您，真会胡说。”

十一

“不不，不用躺下，在这里就行。……不说别的，光是捏我后背的时候，我都不知道能不能撑住一口气的工夫。弄不好的话，没准儿一翻白眼，整个人就过去了。就像是被按摩师活活掐死一样。”

卖唱的认真地说道。

“瞧您这话说的，虽然我是个乡下人，但好歹也多年修习杉山派的按摩术，哪怕是给心窝下针，也是从来不会出错的。”

按摩师一脸茫然，瞪大的眼中有些发青，脸上没了血色。

“不是说熟还是不熟，我从生来到现在，从来没找过按摩的。”

“您等按摩师等得那么着急，原来一次都没按摩过呀！”

“是啊，身体又酸又胀，实在是受不了了，我才想着去按摩呢。不过，一旦按摩师到了眼前……就像是女人头一次生孩子，或者头一次扎针灸，根本不知前后左右。不知道会疼还是会痒，但听人说是痒得慌。不过我觉得可能是会痒吧。……不巧的是，我妈妈是个守节操的人，我也不是什么来路不明的男人的孩子，要说怕痒，可是没人能超过我。……不过你看他的手势，像捏饭团似的，要像这样按摩的话，光想想我就痒得受不了。哎呀，啊啊，这可受不了。”

说着，卖唱的两个胳膊肘紧紧贴着肚子，像是痒得受不了似的扭着身子。

“哈哈哈哈哈，您可真会说笑。”按摩师一副无从下手的样子说道。

老板娘看着卖唱的脸说：“你看，你还真挺可爱啊。”

“怎么能说可爱呢？要说也得说可怜啊。……你看看我的皮和肉，都僵得像石头一样。后背也硬得很，胸口都快裂开了……不好好揉一揉可不行。快来给我按摩吧，不用管那么多。”

卖唱的一边大声说道，一边支起一条腿。

“就当是要掐死我。我已经做好心理准备了,来吧。不过老板娘,走在街上,哪怕只是擦身而过也算人生的缘分。今天我进了你们家的店,受了您照顾,也一定是上辈子积的德,就这样死了的话也没有今后了,还真有点儿舍不得啊。麻烦您再给我倒一碗,就当是喝一碗饯别的酒好了。”

卖唱的甩了甩酒碗,猛地向老板娘递过去。他眼珠一瞪怒目圆睁,连表情也变了。老板娘被他的气势压倒,只能瞪大眼睛,呆呆地站着。

“开始吧,师傅。”

“好。”

“老板娘,给我倒上。”

“好。”

老板娘给卖唱的倒酒的手有些发抖。

卖唱的一口气干了碗里的酒,按摩师的手同时搭在了卖唱的身上。

卖唱的不停地哆嗦,但好在脸上并没丢了血色,反而有些泛红。

“啊啊,按得我肠子都感觉到了。”

“看您说的,不知道您怎么这么担心,但您放心,不会有事的。”连按摩师都有些害怕了。

“主要是说,”卖唱的松开了拄在膝盖上的手,“看来是没生命危险了，不过还是太刺激了。”

他无力地耷拉着头，身体摇摇晃晃的。

“在寒月之下，像火一样的手指，仿佛一下就按到了我的骨髓里。胸口冰凉，耳朵却滚烫。身体像被火烤，血液却冰冷。啊！”

说完，卖唱的两手从膝盖上滑落。

按摩师吓了一跳，合不拢的嘴唇像烧红了的章鱼一样。

卖唱的又直起身子。

“不，您别停下，继续按吧。就当是可怜我，静静地轻轻地……哪怕是你轻轻地、慢慢地按，我也会觉得粉身碎骨啊。

“我不愿承受这种感受，烦恼了很久。我躲着按摩师，他们就跟过来。我从按摩师面前走过，他们却把我拉回来。我从按摩师身边逃开，他们却来追我。看不到他们的身形，却能听到他们的声音……高鸣的笛声就像针对我的战鼓。他们像这样来追我，如果性格软弱的人肯定会受不了。面对深渊，如果没有胆子站在悬崖边朝下看，倒不如索性大头朝下跳下去，一了百了。事到如今不如鱼死网破。师傅，那人不知道是不是你的表兄、堂弟，也许是你的伯父、外甥，如果他是你的亲人，那就来找我报仇吧。我啊，曾经杀了一个你的同行！”

十二

“算起来，那大概是三年前的事情了……那年，就在比现在还晚一个月的年末十二月，我有事要去名古屋，途经这里。这话当题外话说出来有些不敬，但当时正好凑够了盘缠，才能去参拜伊势神宫，想必这也是得感谢伊势大神的恩宠。好不容易出一次门，就想着在古市多待些日子，顺道……去看看朝熊山的祥云，听听鼓岳山的曲调。在二见看元旦日出，因为从堺桥、池浦、冲岛一线过去很容易变天，就从上郡进入志摩，游览一下日和山……如果海上刚好风平浪静，就乘船出海，到伊良子海角就着海参喝酒。这样转上一圈，怎么也要五六天才行……我在山田，住在一家叫藤屋的旅店。你们可别惊讶——那时候，我可不会是穿一件浴衣外面再套一件夹袄这种打扮的。

“那时候，我可是一个带着一件带家纹的礼服做换洗用、身穿条纹外套的大少爷。……你们别会错意，我可不是讲住不起店的穷鬼去花街找姑娘玩的穷酸往事。我有当时的身份，并不是因为自己努力。——你们听我说，我有一个有些秃顶又整天一脸不高兴的老头子。我家的流派，是江户第一，而他则是包括全日本所有分家和直流在内的流派的顶梁柱。他既是养我长大的父亲，也是我的舅舅，又是我的师傅，同时也是我的恩人。

“不过，他的性格跟他的长相可一点儿都不配。他是一个性格直爽、爱开玩笑的江户人。当时已经六十岁了，尽管长得年轻看不出来，但他总喜欢装年轻，我和他一起入住旅店的时候，他总说什么天地人，像打哑谜似的向我伸出三根手指朝我使眼色……意思是让我写五十七岁。你们听听，他就是这种人……旅店的服务员来房间送饭的时候，可千万不能叫他爸爸。……他撇着嘴说‘你又不是与一兵卫，别像定九郎似的叫我’，意思就是说连舅舅都不让叫，让我叫他大哥。

“带着这么一个舅舅，这趟旅行有多高兴自然就不用说了。景色好得很，酒也美得很，每天都是好天气。走到哪儿都不缺女人。十二月的山路上，远近都长满了翠菊，花开得可大啦。

“我们就这样一路经过桑名、四日市、龟山，在去伊势的火车上，跟我们同坐一个车厢的人正在聊着演出的闲话——就是我们去名古屋要参加的那个演出。也不知道是真的假的，也许是假的吧，听他们说对我的评价还算不错，至于舅舅就更不用说了……我也没必要在这儿说他叫什么了——像我这样的人要是提起他的名字，简直是流派的耻辱。你们就权当他是个无人不晓的名人吧。

“不过，来到伊势之后，只要有人提到舅舅的名字，就一定有另一个人的名字跟着一起提到。你们知道吧，就是住在山田古市的，一个叫惣市的针灸按摩师。”

卖唱的提到这个名字，眼中似乎有些茫然。他既没有看在他身后抱着他后背的按摩师，也没有看伸开双腿坐在他对面的老板娘，而是直勾勾地盯着天花板，双手下意识地拨着飘到面前的水蒸气。

“他是按摩师。但这个按摩师是个没落的士族，以前曾经侍奉过大名。别急，先听我说。也就是说，他跟我们流派是同一个行当里的高手。在古市这个地方，他一个人集江户的宗师、流派总家于一身，自称宗山，是个不折不扣的高傲自大的人。他为人高傲归高傲，但他的演技可不容小觑……在周围的谈论声里，一个看着就特别狡猾的商人，和一个镶着金牙肥得流油的本地土豪似的家伙说：‘从东京来了个正宗名角张三，结果被比下去了。后来又来了个李四，上台也输得落花流水。他若是能剩下一只眼睛，那就不是三重县能容得下的人物了。这次去名古屋的那些人也一样，虽然他们不是没有真功夫，也不是说让宗山给他们指点指点，但好歹也让他们明白个天外有天、人外有人的道理再回去才像话。’那时舅舅正在打盹儿。当时，我还是个年轻气盛的毛头小子，把头藏在围巾里狠狠瞪了他们几眼。

“到了藤屋，我故意安排舅舅去温泉……趁这个工夫，我向服务员还有来问候的掌柜打听，有没有一个叫惣市的按摩师艺人，自称宗山。结果所有人都异口同声地说有。宗山比我们想象的有名得多，不久前还来藤屋住过。当时，还应一个退隐了的侯爵的邀请，身穿盛装登台。侯爵盛赞他说：‘哎呀，不知是不是鼓岳山挡住了他的歌声，就连东京也难听到这般别致的《松风》。’

“掌柜的说，宗山当时说道：‘真想让那帮家伙也见识见识。’他管我们流派的同仁叫‘那帮家伙’，‘那帮家伙’之一，也就是我。”

十三

“我又继续打听，说是那个惣市在古市郊外开了一家小食店，还养了三个妾，可真不得了啊。——岂有此理！……一个卑贱的按摩师，竟然用宗家的‘宗’和本山的‘山’自称，不怕被雷劈！”

“哎，我说师傅，你可别用台上表演手刀的手势来给我按摩啊。”

卖唱的仿佛被按痛了一般摸了摸胸口，然后继续讲道。

“事后一想我才明白，就像信州的本地人都说东京的歌舞伎里的野猪都是人扮的，而以本地有真野猪上台的乡村土剧自豪……没错，就是这个道理，真要说宫重大根是日本第一的话,那他们的腌萝卜也是天下无双的。再举个明白一点儿的例子,本地桑名的烤蛤蜊也是无人能敌的了。

“当时要是能想明白这个理就好啦。不过谁让我当时正好是祸年二十四岁的前一年,年轻气盛血气方刚,也不懂那么多道理,忍不住就心生怒火了。首先光是‘宗山’这个名字我就看不过,接着‘那帮家伙’这个说法也让人窝火,还有‘三个小老婆’,更叫人怒火冲天。

“明治维新之后,全国的变化翻天覆地啊……你们想想,那时我们家境衰落,同行连饭都吃不饱。武士的俸禄是一万石,大名家养着的艺人都沦落到不是在削牙签卖,就是摆摊卖烤饼干……还有人去荞麦面店送外卖。我的舅舅去乡下的衙门打杂,换一杯浊酒解馋,醉倒在田埂上。

“他的妹妹,也就是我娘,还是个大姑娘的时候,有一个按摩师看她穷,就借给她几个小钱,好套住她,追着她想娶她当妾——差点儿一步没踩好掉进隅田川里。要知道,她路过隅田川,可从来都是坐在轿子里被人抬着的。——光是这点,我就够恨按摩师的。

“哎呀,这个小畜生。给我等着瞧,看我来治你一治,好让你用这双瞎了的狗眼,好好看看你有几斤几两。

“下定决心之后,第二天我们恭恭敬敬去参拜了神社。

“那天,参拜了神佛之后,舅舅像是心被净化过一样,只喝了几口酒,早早就睡了。我给舅舅盖了盖被他踢开的被子,在他枕边放了水,就告诉女佣说出去转转,出了门。我心里想着,先找到宗山的住所,再好好治他一下。

“出门之后,外面狂风大作。虽说风有五十铃川的河堤挡着,吹不过宇治桥,但顺着相山那个长长的坡道从下往上吹过来……这风虽猛,却有些温乎乎的,灯下的沙地有些发黄。月光在云层的遮挡下朦朦胧胧。神路山上摇曳的树木在月光下看上去有些发青,但二见浦的波浪看上去肯定是白花花的。风势常常猛地变强,吹得人都站不稳,直趔趄。我怕帽子被风吹走,急忙取下帽子扔回了藤屋。风从衣襟里吹进来,把衣服吹得膨起来,袖子也被风吹得摇来摇去。我嫌换衣服麻烦,衣服还是白天去神社参拜时穿的带家纹的衣服。我把两只手抱在胸前,这才算把袖子制伏。我也忘了当时是怎么想的,还把手巾搭过头顶系在下巴下面。这一定是预示着将来我得沦为卖唱的。真是罪有应得。”

卖唱的一边说,一边把一只手缩进袖子里,另一只手按在酒碗上,继续讲了下去。

“然后,我去了古市。明明刚入夜,但四下已经是一片寂静……四周的建筑发出吱嘎吱嘎的响声,屋檐下的灯笼呼啦呼啦地摇着。虽然也能听到两声三味线的曲调,不过声音在狂风里就像窜过屋檐的夜猫子,一下就不知道飞到哪儿去了。

不过这都算不上什么。就当这风是我带到这片冷清的花街来,送给他的礼物好了。

“镇上一片地势低洼的地方有一间房子,下水沟上盖着的木板对面,就是一排竹栏杆,地上铺着的毛毡的边整个儿都卷起来了,榻榻米上一片片殷红的污渍,洋灯里也被黑烟熏得漆黑。就在这样一座房子里,坐着一个脸涂得雪白的大姐。我跌跌撞撞地闯进了这样一间卖气枪和吹箭的店面里。

“我胳膊肘支在柜台上,正面除了刚刚那个大姐,还有一人仿佛是开了悟的达摩法师。我用怀疑的眼光来回扫着这两张脸,开口问道:‘这附近有没有一个叫宗山的按摩师?’其实我本意是想先在这儿打探一下情况。免得像没头苍蝇一样到处找,那下场也只能是两眼墨黑而已。

“‘您是要找宗山大师? 他在的。’这人竟然管我的这位同行称作‘大师’。

“然后我问道:‘说实话,我是慕名而来,他是谁都给表演的吗?’我话音刚落,就从一个画着熨斗纹的帷幕后面,走出来一个脸色发青、头发蓬乱、消瘦不堪的二十五六的女子,说:‘不知道大师给不给没人介绍的游客表演。但如果您需要的话,要不要我带您去问问?’

“我给足了茶钱,让她带我进去。

“她们没为难我,一进门见着的那个脸涂得雪白的女人用眼神示意了一下，说：‘你带他进去，真是个好客官。走路小心。’说完，就跨过栏杆离开了。”

十四

“狂风中，我用两边的袖口遮住口鼻，猫着腰往前走……那个女人带着我走进了旁边一个胡同。因为风实在太大，路两边的住家都是大门紧锁，灯笼诡异地摇晃着。在四周拥挤不堪的平房里，只有一幢二层小楼，门板是木格子的，门前水沟的盖板也很宽。

“这幢房檐上写着‘小饭馆’的小楼，就是宗山大师的家。

“‘客人来了。’我在女人的招呼声中轻轻走了进去。三个打扮奇怪的女人围坐在不远处的火盆边，一个跪坐着，一个把两条腿放一边坐着，还有一个在火盆边的木板上支着脑袋坐着。看来这天应该是没什么人来吃饭……前往大厅的入口正面对着的，是一条狭窄的台阶。

“‘大厅在二楼吗？’说着，我摘掉系在下巴下面的手巾，就要进去。女人们一下慌了神，急忙说：‘今天大厅没点灯，怕风吹灭了灯火。里面一片漆黑，您先稍等一下。’话音刚落，就有一阵风吹了进来，她们头顶吊着的洋灯啪的一声就被吹灭了。

“黑暗中，在隔壁房间的朦胧的灯光里，两扇拉门若隐若现。在这两扇拉门的正中间,清楚地映着一个影子。他额头前凸,嘴唇肥厚,还有一个大大的光头。‘哼,宗山这家伙还真在。’我心想道,但更加可恨的是……一个梳着岛田髻、身体纤细的影子,手搭在他的背后,正在帮他揉背。

“‘火柴,火柴!’女人们正吵吵着。

“‘咳咳。’他大声清了清嗓子,伸出一只大大的手拿起盛烟灰的竹筒,然后又拿开,露出了手里的烟斗。大概是因为他伸开双臂,映在纸拉门上的影子显得又大了一圈。这家伙,背上披了一件棉外套。

“过了这么半天工夫,落地洋灯总算点上了。

“‘让您久等了,请进来吧。’女人把我带向二楼。那个把我从卖吹箭的店铺带过来的女人也不知道怎么回事,从台阶中间望了一眼,离开火盆,来到了原本就在房里的女人背后,低着头跪坐下来。我沿着楼梯走到二楼,进到一个六张榻榻米大小的前厅,带我来的女人低声问我:‘那个女孩行吗?不行我们还有别的。’我心里想道:‘哈哈,你们这买卖我大体上算看透了。’她又朗声问:‘您要点些什么呢?’

“‘来点儿清淡的下酒吧。还有……’我对她说,‘其实我是想听你们家的按摩师老板一展歌喉。’‘歌喉?’那个女人满眼轻蔑地对我一笑。‘您要听大师的曲子啊……那我这就去说一下吧。’女人赶紧理了理衣襟就下楼去了。没多久,就上来了一个十六七的少女。……哎呀，这叫人怎么形容呢？常言道，牛粪上插鲜花，鸡窝里出凤凰。尽管身上穿的并不是最好的料子，但人真是美若红叶啊。她梳了一头丰满华美的结锦髻，还点缀了一个浅蓝色的花纹发饰。我看出来，她就是宗山三妾之一。可真是老天不长眼啊！那个给秃头宗山捶背的黑影，原来就是她。我觉得她很是可怜，因为哪怕是比五十铃川里映着的星光还要澄澈的双眼，也要被脏脏的鲶鱼鳍玷污。她把一杯淡茶放在紫色的袱纱上端了过来。

“哟，原来宗山大师是这么想的。既然客人是要来听他唱上一曲……就要先让客人学会什么叫礼仪，真刀真枪来比才叫有趣。于是我赶忙从怀里取出外衣披在身上。

“没多久，又端上来一只朱漆底上用镏金画着二见浦风景的酒杯，还是放在杯座上端上来的。怎么样，不得了吧？

“‘请先喝一杯，然后这边请。’按摩师手指着杯子说道。话里的意思是‘给我恭恭敬敬地竖起耳朵听好了’。鼻子都快朝天了。身材又矮又胖的宗山一屁股坐下，脖子简直跟肚子一般粗。脸上血管都暴起来了，从耳边到眉梢，跟蚯蚓似的。再看他的脸上，眉毛很薄，鼻子瘪下去，跟被人踩了一脚一样，而嘴唇却十分肥厚。不光如此，颧骨还高高突起，仿佛一咬牙骨头缝里就会发出嘎吱嘎吱的声音一样。他左眼深凹进去，右眼翻着白眼，长了一脸密密麻麻的黑疮。

"尽管长了一张这样的脸，也无法掩盖他身体的残疾。他的肩膀可怜地耷拉着，如果长着这样一副肩膀，哪怕是强壮如猪熊妖怪[①]也一定抬不起头来的。"

十五

"你们可别误会，我这不是在贬低她。"

湊屋的女佣双手掐着盖着围裙的膝盖，指着身边二十出头的艺妓说道。艺妓低着头，仿佛头发柔韧丰满的岛田髻压得她抬不起头来……一件有些发黄的粉红色绢制无花长衫从肩膀滑落，露出白皙的颈子和肩膀，让人看了都替她觉得寒冷。长衫的外面套了一件布满褶皱的淡紫色绢面和服。女佣斜着眼睛看了一眼她这可怜的扮相，严厉地说："这儿的客人我接了。你，这就给我回去。我说，你就是姓岛屋，叫三重的吧？三重，你，快给我回去！

"因为有艺妓来了，我还觉得你能让客人高兴起来，所以才留下你和小丫鬟两个人。没想到我刚去厨房，没一会儿工夫……你这个没出息的，难道你不喜欢上了年纪的客人？还是说，你仗着你是山田出身的，就瞧不起我们家了？让你给客人倒杯酒，你一脸不情愿……听说客人让你弹一段三味线，你

①日本古代传说中的妖怪，力大无穷。

还嗤笑人家？人家喜野在一边实在看不下去了，才喊我过来的。

“你刚进来的时候，我苦口婆心，叫你哄客人高兴，还给你说了那么多好话。‘你就用三味线弹上一曲京都的有品位的曲子，人家客人很是寂寞，不来一个助兴的节目，餐桌都要冷了。你看看，连蜡烛的光都苍白起来了。’我不是这么求你了吗？你还记得你怎么说的吗？‘我不会，我不会。’三味线是你弹不得的东西吗？就算弹不好，就算不会弹，这天下哪有弹三味线陪酒都不会的艺妓？

“你好好看看，这是一般的客人吗？你还看不出来吗？你看看这两位客人的人品，难道不该好好服侍人家吗？我都觉得对不起客人了。你给我站起来。我来给你提三味线。”

原本温和的女佣嗖地站了起来，一把抄起拉门边上的琴箱，一个用力就竖着提了起来。

“求您等等。”

艺妓和服的衣襟在地上拖着，她轻轻抱住女佣的膝盖，扯住女佣的袖子，想要拦住女佣。她的样子，就像芍药花散落一地，整个人都瘫在了地上。

“您饶了我，饶了我，饶了我吧……”她带着哭腔的声音中满是哀求。

“无论是对客人，还是对贵店，我怎么会故意去做失礼的事情呢？真的，我真的不会弹三味线啊，大姐……”

她停顿了一下，继续说：“就是刚才，我过来之前，在另一场宴会上，我也是孤零零地坐在角落里。不是普通宴会，而是入伍的送别会。客人说：‘大家都在高兴地吃喝，我们才不留一个什么都不会的艺妓。你要是会脱了衣服跳舞也就罢了，如果连这也不愿意就不如回去好了。’结果只有我一个人被退了回去。被退回老板家，下场别提多惨了。唉……

“老板说：‘既不会弹三味线，也不会跳舞，叫你脱衣服还不愿意。好啊，你不是不愿意吗，看我教你怎么脱。’结果我被老板脱了个精光，推倒在厨房地上。老板故意打开厨房的窗户，我的身体就这样露在寒冷的月光下。光这样就很羞耻了，他还用水瓢从水缸里盛了水泼在我胸口，泼我全身。

“不过，这边的客人一说要点艺妓，他就像换了一个人似的，给我穿上在暖炉上烤得热乎乎的长衫，对我说：‘听说是东京来的贵客！’拿出最好的和服说：‘要好好服侍客人。’老板还亲自拿出木屐给我穿上。

“但是，虽说是让我服侍客人，但究竟怎么服侍才好呢……就说跳舞，我连站着走路都费劲。要说三味线，大姐你看，我拿着琴用手拨一拨倒也不是不出声，但让我弹唱曲子，我哪唱得出来啊……

“我不是残疾，但也跟废人没什么两样，多丢人啊。我为什么就是弹不出曲子来呢？我这样一个人，究竟怎么做才能留在酒席上呢？一想到这点，我就害怕得不行，连话都说不出来了。所以，真的很抱歉，我的表情僵硬，确实让客人误认为我有所不满。唉……在这儿我什么都干，让我去厨房洗碗我也愿意。大姐，求你了，大姐。”

三重拽着女佣的袖子，满眼泪水地仰望着女佣的脸。……女佣脸上的怒气逐渐消散，拄在地上的三味线的直挺挺的琴颈仿佛也为之动容。接着，三重手里紧攥女佣的衣角，按在腰间宽松的绫带上，面向两位客人……

十六

三重手里抓着女佣的衣角，再次朝两位老人跪行一礼。

“两位客官叫艺妓来助兴……可我却一点儿都不顶用，连端个酒壶都哆嗦个不停，实在太惭愧了。客官就当作叫了一个下人过来，我来服侍两位客官，在两位休息之前，请尽管使唤我。我来替两位捶背吧，好吗？不然揉肩也可以。我会尽心服侍两位客官的。”

三重五体投地地跪在地上。本应是一曲结束时三指伏地的谢礼，也不知道是巧还是不巧，三重跪下的同时，隔壁的宴会厅传来一阵哄笑。

一言不发地盯着《徒步旅行记》插图看个不停的捻平终

于打破沉默，说道："今后在旅途中，咱们还是别叫艺妓了吧……这个教训，看来得传给子孙后代啊。"说完，他拿起了火筷。

眼睛一直盯着对面的"临风榜可小楼"的牌匾发呆了好一阵的弥次郎兵卫，抬起胳膊吸了一口手里的烟卷，却不小心吸了着火的那边，慌忙把烟扔进了火盆，呛得直咳。

"喂，女佣小姐，等会儿我把她的钱给你吧。要是当着面也未尝不可，但恐怕她心里会不安。你去找个小厅，让她也休息一下，大家一起吃个乌冬面，钱算我头上。然后说点儿什么有趣的事，打发打发时间，找个合适的时间送她回去。"说完，弥次郎兵卫举起已经冷掉的酒，默默地抿了一口。

女佣悄悄把刚刚拄着的三味线推到了一片漆黑的隔壁，温柔地抚着三重的后背。三重仿佛全身都没了力气，额头贴着地面匍匐在地上，一言不发，在橙色的灯光下不停地颤抖。

"岛屋的老板竟然这么狠毒。好吧，我跟我家退休的大老板说一声，会替你好好安排的，你就放心吧。不过，你脸上没留伤，还真是幸运。"

一边说还一边轻抚她柔弱的胳膊。

"是啊，一定因为脸事关卖相，所以才手下留情的……还不快跟客官道谢，然后赶紧去大老板那儿说点儿什么。她老人家现在一定刚刚系上头巾，切好羊羹，正准备喝茶呢。不过……”

她对着三重白皙的颈子和柔软的鬓发打量了一圈，说：“你啊，可真是不走运。就真的学不会三味线吗？连‘铿’‘锵’都弹不出来吗？”说着，女佣还故意呵呵地笑了两声，像是要安慰三重。

三重哇的一声哭了出来，泪水就像被人情的温暖融化的寒冰夺眶而出。

“是啊，我又是向神佛许愿，又是断盐吃素，但就是不行，什么曲子都弹不出来。大概是天生就不会弹琴吧。”

烛光映照下的三重的侧脸，就像腊月黑夜里盛开的寒梅。

“舞也不会跳吗？”

“是……的。”

“别哭，没出息的。来，喝上一杯，打起精神。今后再有人点你，你也别怯怯懦懦的。只要你敢去面对，总有法子撑住场面。哪怕是用丝瓜皮去拨琴弦，好歹还能发出锵锵锵的声音呢。既不用古琴，也不用胡琴，只要有铜锣或者铙之类的，敲敲打打就热闹起来了。有箫的话就吹上一吹，谁也听不出来好坏。这样的话就没人能说你什么都不会了。不会跳舞没关系，做体操总会吧。一！”

弥次郎兵卫把胳膊伸直，弄得外衣的扣子差点儿挣开。挺胸抬头，又喊道：“二！”像猜拳出石头一样两只手同时出拳,像要替三重鼓劲儿打气一样哈哈哈地笑了出来。

“你看,这么简单的事,你总会做吧。也不是……这种还真需要点儿胆量。不过看你这么胆小,脸皮又薄,估计放不下面子来做这些。真是可怜的孩子。”弥次郎兵卫嗓音沙哑地说道。

“那个……我,我自己说肯定会显得很自大,真的很难为情,不过我还是会照猫画虎跳上一点儿舞的,不过只会跳一段。”

三重仍旧保持跪坐的姿势,低着头有些难为情地说。

“你会跳舞吗？会跳舞吗?”

女佣有些激动地问道。

“会跳舞的话,就跳上一段吧。就在这里跳吧,不用害羞。你等一下,要跳舞得有曲子才行吧。喜野,你去隔壁叫个会弹三味线的人过来,谁都行,就说阿千叫的人。”

那个叫喜野的丫鬟目瞪口呆,刚要起身,阿千好像忽然想起什么,歪着头,嘴角温柔地一笑说:“等等,等等。”

十七

“刚想起来,今天的宴会和往常不同。……军人一旦入伍,不到周日就不能出军营。……今天是今后要为国吃苦效忠的新兵们的送别会,虽然叫了很多艺妓去助兴,但毕竟不是一般宴会，哪怕少上一个人，也会冷场的。好吧，俗话说‘人在旅途不怕丢脸’，这次正好相反，在住店的客人面前，就只好献丑了。今晚的三味线由我来弹。三重，你会跳哪段？也不知道你要跳的那段曲子我会不会。不过就算不会，我也会尽量配合你的舞步的。”

“哎呀，大姐您真会抬举人。”

三重隔着袖子抱住要去拿三味线的阿千的双腿，露出一副嗔怪的样子。

“只要有曲子，我就能跳。不过，不过大姐你听我说，我学的是能乐的舞步。”三重一边说着，一边背对着弥次郎兵卫和捻平，害羞地把脸藏在阿千的膝盖后面。她的一举一动并不张扬，但经过刚才一番折腾，衣裳多少有些凌乱，扭着身子的姿态配上露在外面的长衫的袖子，却让她显得风情万种。

“什么？你要跳能剧里的舞？”弥次郎兵卫问道。

捻平啪嗒把手里的《徒步旅行记》扣在膝盖上说：“咱们还是喝酒吧！我自斟自饮。我才不要在这里看跳舞。要跳，也给我找好鼓点，挑个有名目的选段来跳。呼哈哈哈哈……”不知为何，唯独这次捻平沙哑的笑声清晰地回响在房间里。

“捻平，捻平。”弥次郎兵卫叫他。

“干什么？”捻平一脸嫌弃地应道。

“人在旅途中，就要多看，回去才能有谈资。我倒是想见识见识。”

“我可不要。”

“不想看就闭眼。”

“呸，你怎么咒人！……我可是等不及明天就回江户去见我可爱的孙女。见不到孙女，我死也闭不上眼。”

“你看看你这找别扭的性格，所以才叫你捻平呢。你爱怎样怎样吧。来来，姑娘快跳吧。对爷爷你可用不着害羞。刚刚你那么自卑，说自己什么都不会，但不管是演什么，哪怕照猫画虎也好，只要做出来就算是艺妓。付出劳动，拿到的工钱才心安理得。你就跳给我看看吧。不过，你还是按着你的意思来，我们可不是在强迫你来表演的。”

“人家客人都一片好心发话了，虽然不知道你要跳哪段，不过不熟练也没关系，不用在乎的。你还需要准备吗？”

“好的。”

说完，三重略微直起身，向里收了收那原本丰满但现在已经略显消瘦的下巴，像是要用嘴咬住紫色的领口一样，有些难为情地朝自己怀里看去。下一个瞬间，原本看来是贴身穿着的长衫的前胸那里忽地露了一截发白的衣领，露出来一个深紫色的细长的小包。紫色的绢面和服忽地一下轻盈地飘了起来，一柄相对于她白鱼一样纤细白皙的手指来说显得有些沉重的银骨舞扇，在烛光的映照下闪着光出现在她手中。

她举着闪闪发光的银扇，像手拿玉簪一样毕恭毕敬地贴在前额上，严肃、有力。她轻轻地打开扇面，就像随月出静静上涨的潮水一样。舞扇挡住了她的脸庞，只能看到两根白皙的、翘起的手指，按在舞扇一前一后两根骨架上。

隔壁大厅的喧嚣，又像河口的潮水一样，忽地退去了。

扇面上除了金色的云彩便只有一轮深蓝色的明月，配着闪着银光的扇骨。扇子后面传来了澄澈的歌声。

——当下，蜑家女人道："淡海公有言，若能取了这宝珠，便立吾儿为后继。"淡海公即刻应允。"倘使是为吾儿故，一条性命不足惜。万丈延绳腰间系，得宝珠，便摇得延绳，需众人合力——"

曲调登时一转。

"拉延绳，将吾救。"说罢利剑出鞘……

三重一挥舞扇重整衣袖，动作娴熟一气呵成，如同多年练就的台上功夫。月光透过玻璃窗照进房间，月光下的粼粼波光反照在翩翩起舞的三重身上，灯台的烛光流花般照在她膝下的榻榻米上。

"啊，你等等！"

捻平中气十足地说道。

十八

捻平说完,把火盆拽到了身边。

"女佣,你再往火盆里添点儿炭。不不,不用特意去拿。你把那个火盆上的铁壶拿开,把里面的炭移到这边就行。"

在这种氛围里,阿千也觉得有些不太自在。

阿千静静地挪着炭。刚刚捻平一进房,就把行李都扔进了里间。但唯独随身携带的那个包袱皮,无论是在火车上还是在人力车上,片刻都不离身地放着。他从旁边拿来包袱皮,像是什么贵重的器物一样,轻轻地放在膝盖上。他把一只手放在火盆上烤着,一边还注意着别碰着正在挪炭的阿千。

"啊,我说,孩子,你是叫三重是吧? 三重,你把手伸出来,快伸出来……"

刚刚三重正要举起"利剑",却忽然被捻平叫住。这时,她正低着头,单手撑地,银光闪闪的舞扇紧紧地贴着她的额头,如花的芳唇正对着扇子的骨架,在她的呼吸中蒙上了一层薄薄的雾气。三重听到捻平叫自己的名字,便微微抬起头,啪啪地合上了扇子。一直眼睛瞪得大大的看着三重跳舞的弥次郎兵卫,随着她手中扇子合上,也慢慢地闭上了瞪大的双眼。他无言地把颤抖的手搭在了火盆外缘上,烟灰从他指尖夹着的烟卷上无声地散落下来。

捻平从坐垫上探出身子，朝前挪了一步。

“唉，真想让你从头再演一遍，好让我好好地、仔细地再看一遍。不过在那之前，你先过来，让我问问你。刚刚你演的那曲，无论是精气神，还是手眼身法，教的人用心教了，学的人也用心学了。能够教出如此成就的人，找遍全国，恐怕也非他莫属。我大致知道是谁教的你，也想问问他最近如何。喂，你闭嘴好好听着。”

说完，他朝弥次郎兵卫使了个眼色。

“先说说，你这舞是跟谁学的，他又为何教你的。”

“好的。”三重弱弱地应了一声。从紧张中解脱出来，她仿佛变成了一个年幼的姑娘，眼睛里泛着泪花。

“刚刚我也跟两位客官说了，我不光人笨得不行，记性还特别差。像《静待夜晚》这种长曲的三味线旋律，根本搞不清音调。我先前在古市干活的时候，那儿的大姐早晨和中午都要教我，晚上有时间的时候也会教我。简直是掰开了揉碎了，肩并肩手把手地教。但结果让我自己也伤透了心，光是学到第二句唱词，就足足花了十天。最后总算能囫囵着弹下来了，但曲调马上就被我忘到了九霄云外。心里明明觉得能弹好，但本应按在咪上的手指却不知怎么就滑到了哆上，怎么弹都跑调。

“就因为这样，我经常挨打。被三味线的拨子戳破脖子，被烟斗打我的胸口。挨的打比弹断的琴弦都多。但,但大姐也不是坏人。……我先前,还在鸟羽的花街工作过。"

"啊,你是鸟羽人?志摩来的?"

弥次郎兵卫插嘴问道。

"不,我就是伊势本地人。我爸爸去世之后,我被继母卖到了鸟羽。但人到了鸟羽才发现,干的活儿跟当初说的完全不是一回事。——他们说我不听客人的话,'在陆地挣不到钱就滚去海上去吧',把我丢到了悬崖下面的小码头上。到了晚上,我被那儿的男人们抓上了小船,就出了海。船到了连月亮都看不到的海岛的背阴里,心里又没底又害怕,船就像大海里漂着的树叶,我走在上面,海面一片寂静……我就唱一首悲伤的歌曲。当揽不到客人的时候,他们就说:'都怪你揽不到客人,罚你念咒语,让船夫们想女人的咒语。'他们把我丢到海里,然后把我拽到退潮之后露出来的礁石上,然后把我脸朝下按在有岩缝的地方,让我喊'想你了,想你了'。那些年轻船夫就在船头看着我,我一停下,他们就用海螺壳啪啪啪地砸我。潮湿的海风一吹起来,就算是夏天的夜晚也觉得冷……而他们这样罚我,是在年末十二月到第二年二月这段最寒冷的时候。周围有很多岛屿,但放眼望去,所有的岛都披上了皑皑白雪。礁石在潮湿的海风里都结冰了,冰尖利得像针一样。我就趴在上面不停地喊'想你了,想你了',嘴唇冻得发麻,喉咙疼得像要裂开一样,舌头像冻冰一样冰冷,寒冷从被潮水打湿的衣服传遍全身。我差点儿晕过去的时候,又被海螺打醒。我使劲儿睁开眼睛,发现自己在不知道哪艘船上,周围一片漆黑。从鬼门关似的耸立的桅杆下面伸出一只干瘪的大手,抓住我,把我抱住。

“周围只有天上的星星泛着蓝光,海面一片漆黑。简直就像在黑夜里掉进一片血海。我模模糊糊地想:‘我真的还活着吗?’……这时四周响起海鸟的哀鸣,我哭了出来……实在太丢人了。”

三重叠起舞扇,用淡蓝色的袖子遮住脸庞。周围万籁俱寂,只有蜡烛在吱吱地燃烧着,落下白色的泪珠。

听过三重的故事的人们,当他们站在日和山的山顶,看着脚下志摩的群岛和风平浪静的海面,以及仙鹤飞舞的霞池这些美景的时候,究竟会是一种什么样的心情呢?

十九

“都怪我一个劲儿地哭,脾气暴躁的船头儿说:‘与其买这么个爱哭鬼,还不如和伊良子崎的海参和弥岛的墨鱼玩呢!’最后,所有的船都不要我了。

“然后,他们就又把我赶到礁石上,让我在寒风中叫‘想你了,想你了’。

“不过，其实就算手脚冻冰，变成一个粘在礁石上的贝壳，哭着喊着‘想你了’也好，这是我的真实想法。我希望我的喊声能够穿透岩缝，传到大海的尽头。潮水涌上来，把船都冲走才好。……我多么想就这样变成一座海里的礁石，各位客官，我，我……”

三重轻咬凌乱的长衫的袖口。她画着淡红的眼影，然而她眼睛里也泛着红色。

“我心里一直有个意中之人……我既没有手艺，也没有姿色，就算说我高攀我也认……我心中对神佛发誓，哪怕他们杀了我，我也不做对不起那个人的事情。

“一天晚上，我被一艘挂着白灯笼的船买去了。因为我不听船头儿的话，被赶回了原来的船上。负责监视我的年轻船员正在船尾抱着暖炉喝着浊酒，见我过来，就说：‘这次亏的钱，你得给我们补偿过来。大伙儿，把她沉到水里玩吧。’那正是个海上生明月的晚上。

“他们把我放在船正中间，脱光我的衣服，把我用绳子绑起来，大头朝下，把我沉到了海里。我越沉越深，感觉都快进了十八层地狱，这时他们又像在水井里打水一样把我拉了起来。紧接着，还没等我头发上的水滴干，又把我沉了下去。

“那趟船上，有一个长崎来的独自乘船的年轻人。他是挣辛苦钱的马车夫，在二见和鸟羽之间跑车。明明天寒地冻的，他却只穿了一件衬衫和单裤。我遭受如此虐待，他见我可怜，回到伊势之后，就向周围人讲述了我的遭遇……然后，就是我刚刚说的……我的上一家，就是在山田新町那边的大姐，花了好多钱，把我赎了出来。

“大姐眼里含着泪水说：‘哪怕是为了给那些虐待你的鸟羽的畜生们一个好看，你也要好好学手艺，当一个出色的艺妓。’一边把拨子打得啪啪响，一边教我弹琴。但是，也不知道是不是我上辈子作了孽，无论怎样都记不住。

“因为食指的音、中指的音，还有大约两根手指中间的音，每天弹三次，连着弹了一周，街坊四邻都听烦了，说听我弹琴，连饭都吃不下去。

“这件事之后，又是一个明月当空的晚上，我忽然觉得大姐越是对我好，我就越是过意不去，心里非常消沉……怎么说呢，皮肉之苦，只要人一死就能解脱。我觉得与其像现在这样难受，还不如回到鸟羽趴在礁石上去喊‘想你了，想你了’、被绳子绑起来吊进海里更好受。我心里这么想着，海岛和大海都浮现在我的眼前。海鸟从月亮里飞过来，仿佛是另一个世界的使者，来这儿接我过去。……这时，一个流浪汉来到了窗前。

“在新町的月光里，他闪闪发光的拨音就像雨露般晶莹剔透。

系好博多带,穿上筑前衣……

“他唱歌的嗓音沁人心脾。接着他说:‘哎呀,真是献丑,多有叨扰。’说完,转身就要离开。

“‘哎呀,真是好听得叫人浑身打战。看你听得都入神了,还不快给他点儿赏钱。’穿着条纹棉大衣的大姐也听得入神,连袖子沾到了火盆里的炭灰都浑然不觉。她赶紧从抽屉里拿了一些钱出来,从衣带里抽出一张怀纸包在里面,塞给了我。我把大姐塞给我的钱放在托盘上,打开门,看到卖唱的已经走出去了四五米远。月光照在两个人之间,我沿着地面上自己的影子追上了他,喊了一声‘喂!’叫住了他,把手里的托盘朝他递过去。他转过身,拿了赏钱。我不禁抓住了他的手,一下子哭了出来。他明明是个男人,技艺却如此高超。为什么我就不能像他一样?哪怕给我一根他那样的手指也好。我心里这么想着,哭了起来。

“那个卖唱的在脸颊两边系了一条手巾,没错。然后,他抓住我的手,一言不发,朝路边走了几步,温柔地问道:‘为什么哭?’我忘了什么是羞耻,向他讲了我学不会三味线的事情。”

二十

“他认真地听了我的倾诉,盯着我的脸看了一会儿,说:

‘你跟他们说，你要向曲艺之神许愿，然后明天黎明的时候出来，到鼓岳山麓的树林子里来找我。我看出来三天时间差不多就够了，不过为保险起见，你去请七天假吧。明早黎明就出来。……知道了吗？对了，女孩子一个人出门太危险，还是我去门口接你吧。我既没骗你，你也不是在做梦……’

“他话音刚落，就将三味线端在胸前，一闪身走进了黑暗之中，沿着黑色的围墙走远了……

“回到家之后，我并没有原原本本讲给大姐听。但我对大姐说：‘明天早晨天亮之前三点我要先净身，然后去向曲艺之神许愿。’大姐听了非常高兴地答应了。

“第二天早晨，我心里想着：‘要杀要剐不就是一条命嘛。也许恩重如山的大姐家的格子拉门，也是看最后一眼了。’我出门来到屋檐底下，回头一看，他正站在那儿打量着家门。‘过来，’他说着，忽然从身后抓住了我的手。虽说我早就做好了心理准备，但那一瞬间我还以为我要被天狗掳走了呢。

“之后发生的事情，我也不知道是梦境还是现实。接下来两三天都是，一大早回家之后，一天到晚都没什么精神。……我在那片昏暗的、能听到吹过鼓岳松林的风声和五十铃川的流水声的杂树林里向他学习技艺。一招一式，手眼身法，他从背后抱着我，我的身体就自动跳起舞来。我只记得这些。

“对了对了，我……那个……我还跟他说我在鸟羽被丢进海里的事情。在和他的对话中我得知,我和他机缘巧合,由于很多复杂的缘故,我和他其实是仇人。他在杂树林里教我跳舞这件事,他不让我告诉任何人。我什么都不能说。

“结果到了第五天,他说:‘你不用练了。将来在宴会上,你就跳这段。只要会跳这段,就再没人敢说你是个没本事的艺妓。’然后他送了我这把舞扇,也不知道是诀别还是留念……”

说完,三重隔着袖子,把那把舞扇紧紧抱在胸前,肩膀不停地颤抖着,后脖颈的长发也跟着一起摇曳起来。

捻平叹了一口气说:“唉,我知道了。那教法和学法,你不细说我也知道。不过,你在山田的时候,靠他教的那段舞也干不好吗?”

“是啊。我第一次唱的时候,大伙轰的一声笑开了锅,还有人说太恐怖了、太可怕了。问其原因,是有传言说我被天狗掳走了五天。”

“哈哈,的确。如果师傅不是妖魔鬼怪,五天也学不会这段舞。嗯,怎么说呢,伊势会谣曲的人怎么说也有六七个,你没给他们表演过这段吗?”

“倒不是没有,也有好事的人想看点儿新鲜的,叫我去演。不过,负责伴唱的老师说我跳得完全不成样子,马上就不让再跳下去了。”

“哈哈哈，的确，按照你那步子的节奏，那些唱得半吊子的人马上就会被你的拍子带跑调了。哈哈哈哈哈，唱得不好的人，肯定被你搅得一塌糊涂。然后，就因为这些，你才搬来桑名的？”

“大家都说我是狐狸精、狸猫精，还说要像我这样一边叫一边飞，肯定是猫头鹰附身了，拿我当疯子。虽然大姐表示反对，说赶我出去太可怜了，但都没人附和她……大姐家虽然跟这儿的岛屋平时也没什么往来，但也算是远亲，所以就把我寄放在这里。”

“唉，你在这里也受到这般悲惨的对待。你在这里的遭遇，我们以后再说……姑娘，我和其他的观众也是一样。一个年轻姑娘，非妖非魔，却表演出如此惊人的舞姿，真的非常吃惊，这才叫停了你的表演，真不好意思。来，劳驾你再为我们跳一次。也让我在你的舞姿中，回忆一下少爷的舞姿吧！”

捻平边说边解开了放在膝盖上的包袱皮，包袱皮里是一面红色的和鼓。鼓身上红色的立田川的红叶一看便知是土佐派的名师所绘；两面张贴的表皮和里皮明如圆月。这面密藏的和鼓名“云井”，寓意是“一击玉石，天人皆醉”。捻平动作老练，就像梭子穿织于绫罗绸缎之间，系紧鼓绳的动作如行云流水，随后他将这面鼓高高举到了火盆上方……阿千屏住呼吸注视着捻平的动作，忽然回过神来，情不自禁地双手撑地下跪行礼。

举手投足掩盖不住技艺的威严，这捻平究竟是谁？他就是七十八岁的老翁——边见秀之进。不久前将名号让给孙子，退隐幕后自称“雪叟”，演奏小鼓的技艺全国上下无人能及。

那另一人——弥次郎兵卫又是哪位？原来，他就是能剧演员，本派第一名角恩地源三郎本人。

津守侯爵在参拜完伊势神宫后，在临时的行宫举办了一场能剧表演。这两人刚刚结束演出，一边游山玩水，一边回家。

二十一

话分两头。

那个卖唱的还在乌冬面馆里继续讲述着自己的身世。

“哎，那之后，那个光头又卖了好些关子，终于开始唱了。结果我一听，比想象中的好得多啊。这可不是按摩师的水平……如果把他的声音放在外面狂风里，肯定有刚刚外面的嘀嘀的笛声那么响亮。有如此水平，我家门下的确有很多要被他称作‘那帮家伙’的人。

“但对我来说，他根本不是什么对手。我明白，技艺这种东西，容不得半点儿疏忽，容不得半点儿小觑。所以我打起精神，在膝盖……”

说着，卖唱的重新坐好，挺直上身，正替他揉肩的按摩师两手稍松，卖唱的衣襟立刻绷紧了。

“……我一言不发，在膝盖上，啪啪地打了两三下拍子。我打的，可不是一般的拍子。这是养我长大的父亲——同时也是教我技艺的师傅，从小把我抱在他的膝盖上教会我的流派代代相传的拍子。我用拍子切入对方歌词的间隙，节奏能屈能伸，或挑高声音，或打乱对方呼吸的节奏。虽然对于不懂谣曲节奏、浑然不知节拍的外行人来说，完全是对牛弹琴，但只要是稍有修养、有些经验的对手，我只要拍上一下，就能打乱他的节奏和旋律。就像用三味线去和诗词的节奏也是一样。就比如要和着流行的调子去弹的话，就要把最后一个音挑起来才行。否则下一个小节的节奏，就会像钉子钉在豆腐里一样失去重心，整个儿垮掉。

“在这点上，宗山倒真不愧是有两下子，我打拍子盖过他的声调，他绷紧的调子马上就松懈下来了。现在回想起来，当时真的是年轻气盛。没错，如果说我是性情浅薄，那就只能说他是个可悲的外行人了。

“想想那时候的宗山，真是可怜。眼看着他额头上汗如雨下，扯着嗓子声嘶力竭，黏黏的汗水汇聚到他的下巴颏，再一滴一滴落到前胸……然后他那个大如海参似的嘴唇渐渐干涸,舌头僵硬,呼吸急促。还没等歌词唱完一页呢,他就趴在榻榻米上,一边唱一边用颤抖的双手四处去摸酒盅。这时,我啪地打了一声响亮的拍子。这一下可要了他的命,他的调子终于四分五裂,分崩离析。

“呼——他喷出了一口火气,同时朝前趴下身子,从嘴里伸出长长的舌头,像狗一样舔着榻榻米。

“这时我得意地笑着问他说:‘师傅,您得病了?’

“‘请允许我听上一曲,听上一曲您的歌声。求求您。我宗山,就算彻底聋了,不听上一曲,也死不瞑目啊!’他双手握拳,喘着粗气说。

“‘按摩师,’我叫他,‘这儿离尾上町的藤屋多远啊?’

“‘为什么问这个?’宗山问。

“‘如果离得太近,我的歌声会传过去的。我是偷着来这儿的……不想让藤屋那边听到我的声音,舅舅一个人睡得正香。不是说,“勇士能感受冰霜的气息”。——老爷子本来睡觉就浅,在这狂风里还容易被惊醒,万一把他吵醒了,我可就不好过了。钱放您这儿了,告辞。’

“宗山转了转他那看不见的眼珠说:‘您等一下。您会打刚刚的拍子……不仅如此,还说您的歌声能从古市传到尾上町。年纪轻轻,却口出狂言。虽然没听过您唱歌,也没见过您的长相……您一定是当派大师恩地源三郎的养子——恩地喜多八！我说得没错吧，恩地！'他一下就猜出了我的名字。"

"哎呀，我喝多了。"酒杯从卖唱的手中滑落。

"不小心说漏嘴了。我的名字说出来无所谓。但说出去，会让舅舅蒙羞。两位，千万保密，别说出去。"

卖唱的悠然地对老板娘和按摩师使了个眼色。

"我甩了一下大衣的衣襟，说：'您猜对了，也猜错了。不管你猜没猜对，我就是东京"那帮家伙"之一。宗家的宗，本山的山，您的名字是这么写的吧？您不如带上点儿裙带菜当见面礼，顺着东海道爬到东京来，来到恩地家的厨房门口。然后背着舅舅，让我们家的寄宿的小孩教你唱上几句，就教你刚刚唱的那段《浦船》吧。'丢下这些话，我噌地站了起来。"

二十二

"宗山摇摇晃晃地站起来，满脸的黑疮中间是一双瞪得滚圆的白眼珠，用气愤的声调说：'我可想你了，少爷。可惜我是个瞎子，什么都看不到，但至少让我摸摸您吧。哪怕就摸一下也好。'

"哎哟，让你摸到还得了。

"我想溜出去，但这个小厅只有六张榻榻米那么大，很是狭窄。尽管宗山是瞎子，但这好歹是他家，家里的布局他再熟悉不过了。他一下就蹿到了楼梯口，张开双臂，挡住我的去路。……他的影子映在天花板上,整个天花板上都是一个漆黑的秃头,流着黏糊糊的汗水,要过来抓我。唉,他那充满了嫉恨和执着的相貌,我现在都忘不掉。‘不要! 不要! 不要!’我满心想要出去,我东躲西藏,他东拉西扯,我们两个擦身而过,狭窄的二楼,似乎变成了一场闹剧的舞台。地板在我们的一来一往中发出咯吱咯吱的响声。外面的狂风发出轰轰的响声。我仿佛被卷进了一团漆黑的乌云,世上恐怕再没有比这更恐怖的事情了。

“我伺机从宗山张开的双臂下面钻了过去,咚一声踏上楼梯,噔噔噔噔地直奔下楼。

“‘阿袖,拦住他!’宗山在二楼叫道。他沙哑的声音随着风声钻进我的耳朵。下面正乱作一团的三四个女人里,嗖地站出来一个美丽的背影,在格子拉门敞着的大门口旁拽住了我。她的红色的裙边在狂风中缠绕着,使劲儿地拽着我。我定睛一看,正是刚刚那个梳着结锦髻的姑娘。

“她,就是替宗山揉背,给我上了一碗淡茶,那个带着黑影的小妾。

“我俯视着她那双欲语还休、清澈透明的眼睛。我甩下一句:‘你很可爱。不过要记住,哪怕是死,也不要做别人的玩物。’说完我推开了她。身后传来‘哎呀’一声,我没有回头,跳进了暴风之中,一路跑回了旅店。

“后来我才知道，她不是宗山的小妾。那个叫阿袖的可爱女孩是宗山的女儿。如果当时我知道，不，哪怕是我注意到这一点，哪怕那个叫宗山的按摩师是杀父仇人，我也不会去教训她的。”

卖唱的无力地弯下腰，耷拉着脑袋，按摩师的手从他肩膀上滑落到了胸前……按摩师的袖子搭在卖唱的肩头，卖唱的无意识地摸着掉在地上的酒杯。

“我吩咐旅店的人，‘如果有按摩师来找我们，就说我们不在，决不能让他们进来。’舅舅呼呼地睡得正香，我钻进他旁边铺着的被褥，盖上被子，舒舒服服地睡了一晚。

“哎……那晚，是我睡的最后一个安稳觉。

“为什么？因为宗山本就傲慢，但性格又很脆弱，那晚被我羞辱之后，激愤之下寻了短见。听说他临死前，摸黑提笔写了一封遗书，‘我诅咒你们流派七代！’他死在了鼓岳山麓。听说他吊死在杂树林的树上，狂风吹得尸体摇来摇去，直到早晨风小了，还在不停地摇着。

“那时候我们还什么都不知道呢。早晨风小了好多，风和日丽，舅舅更开心了……我们离开古市，去二见游玩。一大早我们先住进一家叫朝日馆的旅店，打算晚上在那儿过夜……然后我们去鸟羽，打算悠闲一些，雇了一辆人力车，经过上山町日出町，又途经二见浦。站在日和山这个大看台上，拿蔚蓝的大海当作榻榻米，我们在山上游玩了半日。玩得尽兴后，这才回到朝日馆。然后你们猜怎样？

“回去之后旅店门口黑压压地围满了人。旅店的走廊里也堵得水泄不通。我半点儿都不夸张。他们都是从伊势过来找我们的。由于昨晚按摩师那桩事，和他的遗书，我和舅舅来到伊势这件事转眼间就传遍了天下。还有好多人穿着和服、西装礼服找上门来说：‘宗山的事不怪你们。能在技艺上把宗山这么厉害的人逼上绝路，你们一定是非常了不起的人！求你们，在山田唱上一晚，唱给我们听听吧！’

“唉，舅舅知道这件事，怎么可能不生气呢？舅舅说：‘你是天下第一的冒失鬼。我恩地源三郎在这儿立誓，今后决不允许你再唱一句。现在就把你逐出家门。还有，那个叫宗山的盲人，他自知技不如人，羞愤自缢，是一个懂得廉耻应当尊敬之人。我保证，在葬礼上送他最后一程，并在他墓前献上谣曲，请他安息。’随后，我当场就被赶了出去。

“之后事情怎样，我也不知道了。自那以后，我一无所有，在全国各地流浪，当卖唱艺人。”

二十三

“我一点一点地攒钱，在名古屋大须观音寺背后的胡同里的一家二手乐器店里，买了一把被人丢弃的三味线。但是，仅靠卖唱得来的那几文钱的收入，连最简陋的街边旅店都住不起。数数过去的日子，大概有一多半我都是风餐露宿。我就这样，在京都、大阪漂泊，最远还去了博多。

"在外漂泊久了，心里还是放不下伊势这个地方。也不知怎的，着急忙慌地就赶回来了……然后你们猜怎么着？我又遇见了那个可爱的女孩，她竟然还坚守着我无意间说的那句'不要做别人的玩物'。我一辈子忘不了啊。

"但是，就算我跟她重逢，又能怎样呢？没多久，我就离开了。我在四日市害了病。对了，老板娘，"

卖唱的招呼老板娘。

"我在那儿遇到了一个跟你一样热情的人。多亏有她照顾我，我才能有今天。那之后我又去哪里了呢？关西我去哪里都无所谓，就算不小心听到别人唱谣曲，我也能当作耳边风，就像是听到当地老百姓吹着竹哨子大喊'洗澡水烧好啦'一样。但要是朝东走，一脚踏进箱根山，唉，你们也知道，那听到的可就是江户的大鼓啦。那叫人如何能忍得住呢？我总怕自己一个没忍住，情不自禁地唱出来。所以，我不敢踏过今切川一步。所以，我决定沿着大泉、员辩、阿下喜等地，走大垣街道。然后，我还想从岐阜县翻过飞弹山脉，去往北陆方面。在富田附近干了三天活儿，昨天才来桑名。

"但是，真的是命运弄人，今晚我见到了两个做梦都想不到的人，实在没忍住，才来到您的店里。但当我听到按摩师的笛声，还是感到如同针扎一般。特别是今晚，感觉尤其强烈。这时，我竟然看到了那个影子！既看到了美丽的身影，也看到了令人恐惧的身影。我心里想：‘这儿的按摩师一定不杀了我不罢休吧。不管了，要杀要剐随便吧。不如叫上其他按摩师一起来，有仇报仇给个痛快。’我做好了心理准备，所以才把后背亮在你面前的。但我还是觉得好痛苦。感觉像是被抽筋扒皮，身体四分五裂。”

卖唱的又低下头，他身后的按摩师伸出不停颤抖的双手，像扑向猎物的狮子一样，抓住了卖唱的后背……卖唱的洗褪了色的单衣下面，是搏动的血管和单薄的身体，就像是土蜘蛛攀附在博多的柳树上。

“谁？！”

女老板忽然吃惊地喊道。保佑家庭免灾的神龛旁的灯也照不到的黑暗的角落里，有人把纸拉门的纸舔湿，轻轻戳了一个洞。女老板喝了一声之后，只听到啪嗒啪嗒的脚步声，门外有人匆忙逃走。原来，是这个乌冬店的老板。

其实，这个吓人一跳的老板并不是一个人，他还带了两个手持棍棒的年轻手下。

“老先生。”恩地源三郎看到雪叟系好鼓绳，以充满威严的神气转身说，“谢谢您破格相陪，实在惶恐。”

说着，他把扇子放在膝盖上，欠身示意。

“哪里，是我技艺不精。”

雪叟回敬一礼，说着，就要从坐垫上下来。

“请还是坐在坐垫上吧，不然我怎么担待得起。”

“不，坐在坐垫上演奏，才是对艺术不敬。”

“谢谢您。从她的舞里，我看到了我外甥的身影，便稍微有些客套了。那我也撤掉坐垫好了。”

说完，两个人一左一右，同时撤掉了坐垫。

“媳妇，媳妇，”源三郎叫了两声，说，“你叫三重吧？我就当你是喜多八的媳妇啦。我是喜多八的舅舅，源三郎。你就再跳一遍吧，好吗？”

两个人挺胸抬头，正襟危坐。

三重眼神坚定，表情庄重，却有些恍惚地盯着两个老人，晃晃悠悠地向后退了几步。她一头黑发搭在柔韧的双肩上，手中舞扇轻抬如持利剑，歌声凛然响彻寒夜。

“拉延绳，将吾救。”说罢利剑出鞘……

击鼓的手影落在雪叟肩头，云井的鼓身光晕萦绕，熠熠生辉。充满荣誉感的美丽心灵，仿佛使鼓声的韵律也燃烧起来。

“哟哦！”忽然传来一声呼和。

“啊！”

才能在能乐界鹤立鸡群，对他的退隐，人人为之扼腕叹息的恩地喜多八大喊一声，忽地瞪大了双眼。他原本放在长凳上的一只脚踏到地上，说："雪叟在击鼓！他在击鼓啊！"

话音刚落，他慌忙从怀里取出手巾捂在嘴边，哇地吐出一大口血。紧接着，他随手丢掉手巾，用右手紧抓按摩师说道："要咒死我，你就咒吧。按摩师，来，跟我一起去凑屋。就让少爷我，再唱上一曲给你听听！"

说完，他拉着按摩师夺门而出。

……如此来到东海龙宫，环视宫殿，只见玉塔高达三十丈，宝玉就藏于其中。香烛鲜花塔前供，八只神龙镇守塔前，还有凶猛的鳄鱼在周围。眼看性命不保，便望向思念的故乡，望向浪花边的他……

恩地源三郎唱到这里，三重心潮澎湃，越发投入。她头上梳的岛田髻仿佛再也承受不住，头绳啪的一下断裂开来，乌黑的秀发散落肩头。秀发摇曳，仿佛呼应着房间里的灯影和唱段中的波涛。榻榻米仿佛在她的衣摆下化作湛蓝的碧波，多么飒爽的舞姿。

吾儿在何方？吾夫亦不知去向……

源三郎的伴唱低沉下来，眼看就要停下。

就在这时，从凑屋门口传来一阵清朗的歌声。歌声犹如白虹贯日，直贯三重的心头。

……如此永别几多悲凉，叫我眼中泪光闪……

“哎呀，这可是重要的唱段，不许摔倒啊。”

源三郎噌的一下站起来，撑住了有些踉跄的三重。她的衣袖轻摇如同海中细浪，拍打着老人的双臂。三重在老人的支撑下，高高将舞扇擎过乌黑的长发。银色的舞扇，扇面上装点的云彩映出恋人的身姿，放出夺目的光芒，让房里的灯光都暗淡下来。

舞毕，曲终。随着雪叟收放自如的秘曲，就连桑名的大海也要轰轰地和着大鼓的鼓点；揖斐川的波浪也随着雪叟的鼓点拍打河岸，发出嗒嗒的声响；就连远处白雪皑皑的多度山、沐浴月光的御在所岳、镰岳山、冠山都像是座上嘉宾。

夜深了。小镇沉浸在寒冷之中。当虚空中传来若隐若现的笛声的时候，恩地喜多八正一个人躲在凑屋屋檐下歌唱。他的身形在黑暗之中几不可见，影子却出奇地浓郁。月亮高高地在天上照着凑屋的屋檐，在他脸上投下一块扇形的光斑。正仿佛小厅里的舞扇，一内一外，一正一反，契合无间。

……吾意已决。合掌叩拜心中念，如来观音齐保佑。慈悲之剑抵额梢，纵身一跃去龙宫。海中神龙左右躲闪……

“后背借我靠一下，宗山。”恩地喜多八边唱边说。他满脸疲倦，从自己的衣角旁拽出了那个从刚才就一直蜷缩在那儿的大大的、模糊的身影，靠在了上面。

月光下，路像一条银白色的丝带。在路边灯笼发出的朦胧的光芒里，人头攒动，拄着拐杖的按摩师也在其中。

明治四十三年（1910）

草迷宫

对面的小溪里有一条蛇，
豪门人家的小女儿，
竟敢对她动坏心思，
手持两串宝珠，
脚蹬一双黄金靴，
边说着这样叫，那样叫，
边沿着山林野道走出去……

一

人们习惯将三浦半岛的大崩海角称作魔境。

樱山的山麓犹如一架屏风将叶山一带的海岸一分为二，像不为人知的野兽一样将自己的身躯伸向大洋。樱山的对面，是从逗子延伸到森户、叶山一带的长者园海岸。夏天的海水浴旺季死人最多的，就要数这一带。

那是一个天上下火的夏天。仿佛高耸天际的云层都要在正午太阳的炙烤下变成飞散的火星，噼噼啪啪地像冰雹一样砸向地面。仿佛马上就要浮起来变成人的男男女女的魂魄光着身子浮在海波之中，就听得连金银铜铁都能熔化的白炽的天空上传来一声破钟一样的喊声道："正在游泳的人，快回去！"

据说因为这个诅咒，漂在水面上的人咕嘟嘟地都沉了下去，四周泛起了白色气泡。

不止如此。传说中有一个十七岁身患肋膜炎的少年来此疗养。他爱惜自己的身体到了偏执的程度，不仅独自研究了病理学，还按零点几克的精度调配药品，早晚测量体温，连一日三餐都要称好重量再吃。一个秋日的傍晚，他像往常一样前往没有人烟的海边活动身体，卷起和服的衣角，露出苍白干瘦的小腿，光脚走在水边，心中越发觉得不平起来。他朝着大海傲慢地咂了一下嘴嘟囔道："唉，太无聊了。"

霎时，从他头顶的悬崖上传来一个声音道："那你就去孝敬父母——"

据说，那之后少年的病情日益加重。

就因为这些传说，大崩海角是魔境的传言越传越盛。每当看到有不了解情况的人爬上大崩海角，农民就会挥舞着锄头，渔民则会站在船头，大声提醒他："快下来！危险！"

实际上，就算没有魔境的传说，海角的形状也让人望而生畏。海角的崖顶很窄，就像是一个底朝天倒扣过来的药碾子，或者没有马鞍和马镫的马背，叫人没有落脚的地方。无论是脚跟还是脚尖，踩着的都是中间凹下去的山崖。人站在上面，仿佛会被山麓边的惊涛拍落崖底。

在大崩海角的一边，下山川入海口附近的波浪平静地拍打着长者园的海岸，附近不时传来雄鸡打鸣，一派繁忙而又恬静的田园风光。而仅仅一山之隔的另一面，太平洋的狂涛发出"呜呜""嗷嗷"的狂牛般的吼声，缓慢却异常有力地拍打着三崎街道旁的海岸。

只要把视线从右向左稍稍挪动一点儿，风景就会像燕子花开的八桥和明月下的武藏野一样完全变了一个样。这边几只挂着白帆的小船在入海口附近翩翩起舞，那边则是巨轮吐出黑龙般的滚滚浓烟划过海面。

只是这样，就足够让人眼花缭乱的，更何况脚下岩石窄得如同踩在刀刃上一般，让人忍不住抓住身边松树的枝条。松树的树干承受不住人的重量，不停摇晃。攀上海角时累得粗气直喘，一身的汗水被从不停歇的海风吹得透心凉。

虽然如此，此处的美景却不会因此折价。大崩海角四季都会被不同的颜色包围，春天是紫色，夏天是绿色，秋天是红色，冬天是黄色。这里有紫藤缠绕，爬墙虎攀爬，牵牛花争相开放，芒草随风起舞，月光泼洒。看吧，大崩海角的岩石蓄势待发，仿佛就要踏着碧波，登上在水天之际的大岛山，那姿态如同能工巧匠雕琢的青铜狮子花一样。狮子身披花衣，仿若歌颂威武的雄狮的牡丹花饰。拍打着山麓的飞浪，在阳光下发出金色的光辉，在月光中发出银色的光辉，就像是自由奔放的利爪，时而发怒，时而无情地斩杀一切敌人。

二

小次郎法师一边云游列国增长见识，一边修行。故事就发生在他在相模国旅行，途经三崎，来到秋谷海岸的时候。

法师来到一家街道旁边的茶屋歇脚。茶屋就坐落在大崩海角远远伸向海中的那座狮子似的岩石往太平洋方向一百多米靠近飞浪拍打的岸边的一条街道旁。从茶屋四周苇子编的篱笆的缝里，还能依稀看到远处的江之岛和富士山。看店的老太太，从一个马口铁打的长嘴大茶壶里，倒了一碗粗茶，把茶碗放在一只也不知道用了多少年的白木做的箱根雕花托盘上端了出来。满满的茶水在茶碗里摇晃着，差点儿就洒了出来。

店里摆着长凳的地方很是狭窄。水蒸气从刚刚那个茶壶有些歪斜变形的壶嘴里蒸腾而起，在冰凉的海风中变成了冷冷的水雾，飘飘忽忽来到了法师胸前。僧衣的袖口拂过苇篱，朝院外的小松树翻摆过去。

法师的心情十分舒畅，他没有打开写有旅行路线的名古屋扇子，而是手握扇子，按在刚从肩膀上卸下来的两个小包裹缝着白色棉线的接缝处，灌了一大口茶。

“啊，好喝，很不错。”然后又微笑着说道，“这茶很不错，那个看起来也不错嘛。来两三个尝尝吧。”

“好好，您说的是这个糯米丸子吗？这个糯米丸子是我们乡下配方，不那么甜。但无论是皮儿还是馅儿，都是我们捣碎了糯米和红豆自己做的，什么都不掺，绝对地道。”

老太太头顶日式圆髻，满面笑容地把丸子摆在一个带边的盘子里。

就在法师把扇子放在长凳上，一只手拿着茶碗，另一只手刚要去拿丸子的时候，旁边突然传来一声蝉鸣似的怪叫。

“噫，嘻嘻！”

在法师坐的地方对过，大崩海角方向的长凳上，坐着一个肤色黝黑、高大壮实的男人。他倚在竹柱上，身穿一件又脏又破的粗棉条纹单衣，胸口大敞着，衣带松松垮垮地耷拉下来，一条几乎跟酱油一个颜色的手巾圈成一圈系在脖子上，长长的头发盖住耳朵，一直伸到脖子附近。这人嘴张得大大的，厚厚的下嘴唇向下耷拉着，不停地打量着本就没有什么可看的茶屋。这打扮和他灵气活现的双眼一点儿都不搭配。小次郎法师刚刚就想,现在是下午两点多,无论农民还是船工,都是忙着干活的时间,就连木匠、力工都在拼命干活,这人一定是附近的懒汉,就没有理会他。法师这会儿忽然被他的怪笑吓了一跳,看了看男人的脸,又看了看盘里的丸子。

"不许戏弄人啊,老太太。你可真是爱逗人玩啊。"

"您何出此言?"

"哎呀,你刚端出来的丸子,难道不是泥巴和黏土做的吗?"

"您别说些无中生有的话。"老人家的脸拉了下来,仰头看着男人,眼角堆满了皱纹,"您怎么能这么说话?说来惭愧,老身也算是拜了一辈子佛的人,就算把没有任何用处的柿子籽拿出来卖钱,也不会做出给出家之人端上泥巴丸子这种伤天害理之事。"

听到如此正面的辩驳,小次郎法师忽然有点儿可怜他。

"不不,您不用拿这话当真。天气凉爽,让人的力气都恢复了不少。他这话肯定是半开玩笑的,一半是玩笑,另一半……应该是说,人在旅途不知道会遇到什么事情。你看,骏河那些卖糯米糕的,不就是用木头雕成跟真货一模一样的样品摆在盘子里揽客嘛。我刚刚张嘴要吃,他就——"

说着,小次郎抬眼看了一眼男人,男人不知为什么,呆呆地抬头望着天。天上连只乌鸦都没有。

“——就忽然笑了出来，一定是他在想‘哈哈，这个丸子肯定是样品’来着。”

“啊，你是这么想的啊。不不，他啊……”说着，老太太隔着围裙拍了拍膝盖，凑过来小声说道，“他啊，其实是个疯子。嗯。”

说完又点了两下头。看这架势，如果向她详细打听，她还是很乐意再多讲两句的。

三

小次郎法师斜着眼睛看了看男人。男人依旧抬着头，仿佛茶屋的屋檐下面要飞出来蝙蝠似的。

“他是疯子？我还以为他是哑巴呢。体格这么好的年轻人，真是太可怜了。”

“他啊，说到底，都是自找的啊。”

老太太用仿佛是大彻大悟而又看透一切的口吻说着“作孽报应啊”什么的话。

“难道说他是被什么附身了吗？不然就是有什么放不下来的心事？”

法师说到一半，又喝了一口粗茶，刚把圆圆的点心拿到嘴边，那男人仿佛是开了千里眼，明明正仰头看天，眼睛却滴溜一转朝这边瞄了过来。

“哟,这是要咬石头啊。”

小次郎又吓了一跳。

“老太太,他还说话呢。”

“真是个臭小鬼啊。嘉吉,你快走,一边去。”

老太太都没看嘉吉一眼,朝着他在沙地上朦胧的影子轻斥道。

虽然海水依旧波光粼粼,但此时天空却笼罩了一些薄云。

法师也眯着眼睛看了一眼男人在薄云遮挡下有些模糊的影子。

“给他一个丸子吧。或许他只是想吃了而已。如果真是这样,食物招来的怨恨最可怕了。如果丸子真变成石头的可不得了。”

“他不是个讨饭的疯子,这点您不用担心。我看,别瞧他是个疯子,但平时的事情他还是记得一些的。他说丸子是石头,大概是因为他知道我平时会送一些石头给客人。所以,请不要说‘看,那一定是泥土做的丸子’。”

老太太双手拾起法师脱下来放在一边的斗笠,在行李上放好,同时又用眼神示意法师看一下苇篱外面。

老太太的视线指向了外面的海岸边。海中乱石林立,就像哼哈二将。不远处一丛倾颓的矮竹对面,是六块屏风一样的、其间有些松树的奇石，它们在蓝白色的月光中会变得更加显眼。来自四面的波浪溅起的水花，打湿了哼哈二将铠甲的袖口。

“您来这里的路上，有没有看过那边？”

老太婆背对着他弯下腰，用火筷捅了捅炉子里的火炭，发出哗啦哗啦的响声，将烧水壶底下的火炭摆平后，把水壶端端正正地放在上面。

“虽然您可能不会去那里，大崩海角最突出的那儿，有一块凸起来的石头吧？”

说着，老太太一只手扶着腰，嘴里“嘿哟”一声站起来，手指海滩说：“看，就是那儿。”

顺着老人手指的方向看去，只见海浪拍打在那块岩石上，就像打碎的风铃一样碎裂开来。

“那块石头，叫‘产子石’。那块石头的四周啊，总是凭空涌出来好多小石头。小的，有小贝壳、围棋子那么大，还有上供的点心那么大的。要说大的，你一个人都抱不过来。圆圆的，还有的带些平面。

“据说，总是没有孩子的家庭，只要找两个稍微平一些的石头摞在一起，放在佛坛或者是神龛里供上，哟嗬，还别不信，当年就能怀上呢。

“想要‘产子石’的人可多啦，有次一户人家拿一块石头准备顶住稻草门，结果忽然来了两个人说要拿回去压咸菜缸，就算‘现在马上想要’，也不是说找就能找到的。

“有很多人远道而来，想来捡一些石头，却找不到合适的，最后失望而归。所以，我就把店开在这附近，早晚看到潮水退了，就去捡些个来，然后送给客人当纪念品，就算是一份情谊。结果渐渐地，知道这事儿的人越来越多。有个从叶山那边来这儿玩的书生，说什么‘老奶奶，我不要孩子，你给我找个妈妈吧’。

“你说，这不是捉弄人嘛。

“嘉吉这个疯子，一定是常看我给客人石头，就记在了心里。所以，看见你要吃我给你的东西，就说什么‘是石头’。”

四

“老人家，您这是在这里安享晚年呢。您一定是儿孙满堂吧？”

小次郎法师听着老人的话，朝着“产子石”瞧了瞧，满心好奇地问道。

刚说着“我再给您倒些茶”，把茶盘靠在膝盖上准备倒茶的老人忽然没了言语，满眼寂寞地低下了头，说：“唉，我活到这个岁数，连孙子的影子都没见过。我和老头子相依为命，常常看着寂寥的雨滴和灯笼发出的寒光，心中充满空虚和不安。所以，对那些渴望儿孙的人的心情，我们也能感同身受。这一块块的‘产子石’，我都会虔诚地向佛祖祈祷后，送给需要的人。

“我们就这样生活了好多年。连村里的人都说，‘就是因为把孩子都给了别人，他们两个才没有儿女的’，不过能像现在这样，也算是对我们的一个安慰了。”

虽然老人的话中仍旧有些不甘，但平静的脸上没有一丝皱纹，温和地笑着继续说道：“如果您已经有了家室，那我也给大师您献上两块‘产子石’吧。”

“您太客气了。如果这丸子真成了石头做的，我就要在这里传播佛祖的教诲，但可惜，我是个居无定所、漂泊四方的人。

“听您刚刚说的，您在这儿应该很寂寞了？”

“是啊，是啊。哦不，要是在大师您面前这么说的话，就好像要故意迎合您的想法一样，但我们对佛祖的恩惠真是感激不尽。像如今这样，我这个坏脾气的老太婆经营的茶屋，客人也肯赏光前来，让我给他们端一杯茶。店头热闹，和客人天南海北地聊聊天，也能安然度日。”

“啊，您好！”老人忽然朝着街道那边喊了一声，“请休息一下吧。”

且看来人,是一个三十多的女人。她手中的洋伞大概有人力车车轮大小,红白条纹,就像夏天的蝴蝶,很是惹眼。远山旁的野草遮挡住了河床边的泥土,在阳光下熠熠生辉,映衬着她白色的绑腿和脚下的草鞋。花布的单衣卷起袖子,一只手拿着手帕,搭在另一只拿伞的手上。

跟在她身后拿着行李的,是她家男人。蔺草编的斗笠挂在脑后,上半身光着,一件条纹衬衫系在腰间,一把红色的团扇插在衣带之间,棉布做的护臂和护腿一件不差。

听到老人打招呼,女人微微弯腰躬身,两鬓的头发随风飞舞。大概是路程着急,他们直接走过,并未停留。

疯子嘉吉在屋檐下面,隔着破掉的苇篱,眼睛发亮地瞄了一眼女人系着衣袋的细腰。

一转眼,他已经蹿出去十来米,光着脚走在沙地上,跟在女人身后。

忽然他往前一蹿,扬起一阵黄色的沙土,凑到了女人的身边,像从女人洋伞旁边探出头来的妖怪见越入道一样。

“噫嘻嘻,噫嘻嘻嘻。”

“喂! 不许胡闹!”

老人踮起脚尖朝他喊道。小次郎法师几乎同时听到了笑声和老人的喊声。

就在这时,男人高亢的吆喝声把他们吓了一跳。

“修伞嘞！修油纸伞洋伞嘞！换伞面嘞……”

他的声音压过四周的蝉鸣，在四下无人的街道回响。

女人的丈夫站到妻子身边，用行李把疯男人挡在一边，瞪了他一眼，立刻加快了步伐。疯子拖着长长的影子，鬼鬼祟祟地跟在他们后面。

“您看，他就是这样一个让人发愁的人。”

小次郎法师默默地目送那几个人远去，海边又断断续续地交替传来了三四声海浪拍打悬崖和海风吹过的声音。就在浪涛声传来的这段时间里，红白条纹的洋伞在渐渐远去，变成一个手鞠[①]，和人头交织在一起，在一间草棚都没有的路上，朝着大崩海角的方向快速前行。

五

“看，他们已经到了大崩海角的另一面，看不到他们了。

“就是下面的海滩边，刚才那个疯子喝醉了酒，就倒在那边……没错，那人叫嘉吉，是我们秋谷这片地方一等一的无赖。

“看他天天醉醺醺的，又好吃懒做，在一般人看来，一定

①日本女子和小孩的玩具，呈球状，比手球略小，有弹性，可以边唱歌边在地上拍着玩。

会觉得他这人不正常。但是,别看他这样,他也知道一到正月就喜庆,一到盂兰盆节就忙里忙外,所以他并不算是个疯子。只是因为他每天都跟过节似的只知道玩,所以才说他不正常。但今年年初,也不知道他哪根筋搭错了,竟然自己要去村里的酒店干活儿。

“今年初夏,你猜怎么着?店主人让他带上三坛清酒——三坛不算多吧,把三坛清酒装上船,和船主两个人,去叶山的商店送货。

“这一路上,有好多认识他的本地的农民和渔民什么的,想从三崎回叶山和森户,都在半路喊:‘反正你那船上还有空,就搭我们一程吧!’您知道,两边既没有渡口也没有码头,他们都是站在海里的岩石或者礁石边的松树根上,用方言土语‘喂——喂——’地喊着。没多一会儿就上来了五个人,算上船主和嘉吉一共七个人。

“这些人啊,可没有一个正经人,一个个都迫不及待地上了船。船走在水面上,一群人张家长李家短地聊着,海面风平浪静,嘉吉说话说累了,就四仰八叉地躺下,脑袋枕在船板上,呼噜打得震天响。

“这次的航线上没有难关,坛子里的酒醇香诱人,海面平静得连水底的章鱼都忍不住浮上来。一个人不禁开了个玩笑说:‘这是连晕船的机会都没有啊。’‘怎么样,咱们要不要赌

上一坛啊？谁爱喝谁就喝，酒钱等会儿从赌注里出就好。'

'好啊！说上就上！'

“这帮人拿烟斗嘴都能把酒坛子打个洞出来。他们正大光明地开了一坛，问船主说：'船主，你那儿有空的便当盒吗？'从船主那儿借了一个歪歪扭扭的木盒子，在海水里涮了涮，用舌头舔掉了手指从饭盒里揩下来的酱油，就一个人接一个人地传着喝了起来。

“紧接着又正大光明地解开钱包、摘下兜肚，玩起了赌博。这下船主怎么能一声不吭呢？”

“不好意思，打断您一下，不过船主真不愧是船主，名副其实，一船之主。”

老太太听法师一脸严肃地说，脸上的表情仿佛在说：“年纪轻轻就出家，还真是不谙世事。”然后，对法师说：“唉，您心地真是善良。原来只要写作船主，就是一船之主呢。既然他是船主，那他当然做了船主该做的事。”

“是怎么回事呢？”

“五个人像骰子上的点一样挤在那里，他当然是先挤进他们中间，然后降下了船帆啊。”老人笑眯眯地看着法师。

“这是为什么呢？”

“现在是顺风，挂着船帆，嗖的一声就到叶山了。像水母浮在水中一样，慢悠悠地漂过去，就能好好玩上一场啦。

“这才是他干的。他嘴里还胡乱唱着喜庆的小曲‘四海风平浪又静，盛世风调雨也顺’，真是作孽啊。‘一决胜负!’呼幺喝六的赌局就开始了。如果甲板下面的大海是地狱，那船上一定是纷争不断的修罗道。”

“船主也是一伙儿的啊。”法师小心翼翼地两手捧着刚刚倒的、齐边齐沿的满满一碗茶水苦笑道。

“所以说啊，那帮家伙，一个个都是……唉，您有机会出海朝岸边看看，满地都是赌博掷骰子用的陶壶和蚌壳。螃蟹窝以外的地方，到处都是掷钱的印子。根本就没什么奇怪的。那时，对嘉吉来说，简直就像是被妖怪附身了一样。您想想，难道不是吗?‘搭我一程吧，搭我一程吧’，船一靠岸，就从岩缝里、松树下面涌出来这么多无赖，一想就是妖魔鬼怪干的事儿。”

六

“嘉吉那家伙，像是中了邪一样，睡得跟死人一样。海浪声早就听惯了，根本吵不醒他。但船头接近岸边的礁石，吹过岸边摇曳着船身的凉飕飕的海风把他冻醒了。结果你猜，他看到船上的人都是一副什么德行?

“这船又不是开上山了，那帮人不就是在船上围成一圈嘛，这也没什么奇怪的。但是，这酒可是从坛子里咕咚咚咕咚咚地往外倒啊。‘噫！你们这帮人！’嘉吉一个打挺就跳了起来，船被他这么一折腾也跟着一起晃悠，他挺直了站着，责怪众人。

“‘嘉吉，你别吵！’其中一个人说。

“其他人也口口声声说：‘有什么可吵吵的。嘉吉，虽然说我们都欠你个一文两文，但这酒说来是你老板的东西。咱把酒喝了，自是不会白喝，让你吃亏。待会儿把赌钱凑凑，算我们买你一坛，你总没意见了吧。只要你把酒钱收上来，无论卖给谁都是卖吧。’

“这话要说没错也的确没错，也不算是什么说不过去的事儿。对吧？

“‘退一步说，就算有酒钱就行，那船主，你这船可怎么办？’嘉吉问船主。那船主拳头里攥着零钱，举得比脑门上系的头巾都高。‘单数单数！什么？你说船？船就是船啊。’看来船主已经彻底沉迷其中了。

“嘉吉没办法，无奈只好握住橹，一脸像是被幽灵船抓去的表情，吱吱扭扭地摇起了橹。可惜，他扛不住酒香的诱惑……

“这时一个手气正旺的给他倒了一碗，说喝一碗壮壮运气，他一仰脖子，咕嘟咕嘟地转眼就全干了。‘来来，再来一碗。’说着那人又给他倒了一碗。接着嘉吉还特意说：‘到时候酒钱少算点儿。'你看,这时候他脑袋还算清醒的。

"'你看看我是谁?我可是幡随院长兵卫!我请的酒还要收钱吗?谁这么小心眼儿!'手气正旺的那位爷还生起气来。

"嘉吉心中一块石头落地,'总用这么小的碗喝,也麻烦各位兄弟。不如用这个来喝吧。'说完,拿出来一把长把舀子,咕咚咕咚地满上。他一只手握着橹,一只手拿着那把简直可以用来饮马的舀子,咕嘟咕嘟地全灌了下去。

"反正这坛酒已经开了封,就一点儿也不心疼了。那大方劲儿就像从海底冒出来的一样,'继续喝啊!单数!再来一碗,壮运气,不要钱啦!'

"'真大方真大方!你看看赌神那秃头,锃亮锃亮的!'嘉吉急忙拍起了马屁,抄起舀子又是一仰而干。就这样左一舀右一舀,喝着喝着,划船的节奏就乱了起来,小船左摇右晃,赌徒们纷纷抗议:'这哪行,骰子都不稳了。'

"'嘿,嫌我划得不好,那你来替我划啊。'嘉吉胡搅蛮缠。就这样东摇西晃,总算是绕过了大崩海角,进入了海湾。

"'来来,进了内海,就像躺在蓝色的榻榻米上一样啦。'嘉吉彻底放松了警惕,'先把酒钱给我,分出胜负之前先把钱押在我这儿。'他松开了握着橹的手,接过酒钱。这钱是接过来了,但他非但没收起来,反而一手拿钱一手拿着舀子,扎进了赌徒堆。

“哎呀哎呀，看这浑小子干的事儿，还不如投海呢。你想想，这样他还有活路吗？

“一输再输，最后，本来应该交给老板的一坛酒的酒钱输得一干二净。事到如今，他竟自暴自弃起来。骰子上的点数数出了十个，周围的人看起来有五十个，海边的沙滩更是颠倒过来。‘要杀要剐随便吧！’嘉吉又四仰八叉地躺在那儿的时候，他已经一个人喝了一斗多的量。七个人围着一个四斗的坛子，几乎已经喝了个见底。等到开始往沙滩上卸货的时候，本是憋足了劲儿想要去搬酒坛子，‘嘿哟’一直腰，憋足的劲儿泄了个精光，一个趔趄就朝背后仰了过去。酒坛子哗啦一声打了个稀碎，嘉吉咕咚一声倒了过去，不省人事。

“小船就这样漂荡在长者园附近的海面上。就像电影里漂在海面的幽灵船一样，没有丝毫风浪的声音。一阵海风从敞胸露怀的人露着的胸毛，吹到了盘腿坐在甲板上的人露着的腿毛。晚风吹得人打了个寒战，也吹醒了男人们的几分醉意。等他们回过神来，长庚星已经挂在了天边。海角的岩壁看起来漆黑，耸立在眼前，让人感到十分压抑，男人们不由得心生敬畏，有的系紧了松松垮垮的兜裆布，有的理了理衣服上的褶皱。船主像乌鸦一样‘嗬——嗬——’地呼着号子，把船靠向海滩，给了烂醉如泥的嘉吉一拳。嘉吉一个激灵坐了起来。就算是酩酊大醉,酒鬼的本性也是不改,看到空空如也的酒坛子一下就蔫了,就又一醉不醒了。”

七

“嘉吉仰面躺着,呼出来的气热得跟喷火一样。酒精仿佛要从身体里渗出来,像露水一样滴落到沙滩上。哪怕是在凉爽的傍晚,这气味也足够招来苍蝇蚊子。

“他现在这样子,无论是抽他还是打他,都醒不过来。

“不帮他一把,实在是过意不去。一个稍微有些力气的男人搭了一把手,船主也来帮忙卸货。其实,这帮人的腿也站不直呢,他们一摇三晃的,总算是把剩下的两坛酒送到了商店。

“但真正让人发愁的是嘉吉怎么办。其实,当他是个货物,装上船原样拉回去就行了,但船主说:‘这是个醉鬼,又不是尸体。醒过来的时候多尴尬。’于是扬帆起航,消失在了海面的雾气里。

“无论如何,不准备好一套说辞,是没法回去见老板的。‘要不,先把他送回在秋谷的父母那边?’但几个人一商量怎么把他搬回去,就又犯愁了。这行李可不是一般的东西,而是一个又高又壮的男人。嘉吉一头倒下去,就是用木棒都撬不动。周围那些人,有的呼哧呼哧地抽起了烟,有的打起了喷嚏，有的忙着拍死叮到小腿上的蚊子。把醉在泥里的、泥鳅似的嘉吉围在中间，你一言我一语，总是没个结论。正在所有人都没主意的时候，旁边过来一个拉着货车的人。他从藤泽过来，走了一天的路，这会儿刚好路过长者园附近的堤坝。

“老爷子在额头上系了一条头带。夕阳般艳丽的橙色头带映着他一头花白的头发。头带在前额处打了个结，结的两端直挺挺地翘着，像是河蟹的两只闪闪发光的威武的大钳子一样。他的左胳膊弯着，紧紧贴在身体一边，虽然手指和手掌能张开也能握拳，但胳膊肘却一点儿都动不了，就像铜打的一样。……要问他变成这样的缘由，即要说他是自作自受。——一天，他在酒店喝酒喝得烂醉如泥，还说出‘我去照照地狱的黑夜’这种招人恨的名言，借了一只乡下晚上常见的、带‘井口木瓜’形家纹的灯笼，一边照着铺满了贝壳的路，一边哼着小曲摇摇晃晃地走在安政地震时裂开的一条裂缝旁。走着走着忽然来了困意，他就把碍事的灯笼挂在胳膊肘上，两只胳膊抱在胸前叫着‘嘿！妖怪别跑！让我照照你是鬼火还是钱怪，快快现出原形！’就在他炯炯有神的双眼朝下一瞪那灯笼时，忽地就醉倒在了旁边的树丛里，仰头大睡起来，鼾声震天。话说大崩海角这一带海相不一样，从太平洋刮来的海风吹倒了灯笼里的蜡烛，灯罩呼啦啦地就烧了起来。那样子，简直就像是把海里渔船上的渔火引到了怀里，紧接着胸毛吱吱吱地烧了起来。老爷子吓了一大跳,“喂！这个畜生,原来是火车[1]！你想烧我还嫩了点儿!”于是就像和鬼怪扭打成一团似的,在地上打滚儿,扑灭了身上的火。虽然命是保住了,但因为那次烧伤,老爷子活了六十有七,却落下个残疾。自此落得个‘天坊蟹宰八’的外号。在秋谷远近闻名。”

“……也就是我家老爷子。”老人微笑着说道。

小次郎法师有些高兴地欠身行了一礼,致意道:“原来如此,是您的老伴。”

“您太客气了。他是个为人任性,又一无是处的老爷子。但多亏了佛祖保佑,现在身子还算健康。他不喜欢跟平日里谈得来的街坊邻居做生意,又是讲价又是玩弄心思。一直以来他都是走出去老远,拖着残疾的肩膀,背着背篓,翻过叶山,去日影、田越、逗子那边做生意,卖些海螺、鲍鱼、整只片好的鲹鱼,还有用稻草绳穿好的鲱鱼,赚几个钱换些薄酒。我们卖东西,主要是卖给村元的庄家大人、世代富有的鹤谷喜十郎大人……”

老人恭恭敬敬地说出老主顾的名字。

“我家就是受这些主家的托付,前去东海道藤泽买东西的。

---

①日本神话传说中的妖怪。

“大概每个月都得去买一次,从咸盐酱油,到灯芯之类的小物件。各种用品,每次都有满满一车。

“横滨那边全都是些西洋味儿太重的东西,三崎的东西太没品位,而这边卖的都是些四处凑来的东西,全都是些低劣产品。有些分量的、讲究的东西,还得像从前一样,从藤泽才能买来。我们家的东西又便宜,特别实惠,特别适合大宅子的人家用。”

老人的话像蚕丝一样流利,不带磕绊,慢悠悠地说着,自己也不时喝两口茶。

茶屋门口也没人经过。

八

“我们家老爷子路过海边,他们就喊:‘噢,是宰八啊。大爷,您要是回村的话,能不能把他给他妈捎过去啊。您那儿正好有个货车。’

“这说的就是刚刚那个嘉吉,他醉成那个样子了。

“‘都是一个地方的,带他回家还不简单。但你看看我的胳膊,这个样子,可是没法抬他上车。你们把车上的货挪挪,空出地方来,把他抬上车吧。’

“‘不用这么讲究,老爷子。直接把他堆在货上就行。’话音刚落,两个人一头一脚,已经要把嘉吉抬过来了。

“老头连忙说：‘给我等等，这都是鹤谷家让我买的东西，有棉花，还有好几坛酱油和好几罐石油。总不能把棉花压在坛子和罐子下面，所以我把棉花放在了最上面。这些棉花可是要给鹤谷喜十郎大人做新棉被用的，绝对不能把这么个浑身酒气的畜生放上去！要他上车，先给我把货物一样一样都重新摆好！’说着，那只动不了的拳头攥得紧紧的，浑身都绷着劲儿。

“这边都是一群没耐心的粗人，‘哎呀真是麻烦，就这样吧。’你猜怎么着？他们居然用捆货的绳子把嘉吉捆在了货车侧面，只保证他不会碰到车轮。

“‘他又没付搭车钱，就算从车上掉下来也无所谓。行啦，快回去吧。啦啦啦……’他们拍着手，无论是赢钱的人，还是输钱的人，只要想想今天白喝的这坛酒，所有人都可以说只赚不赔。他们高高兴兴地哼着小曲，掀起衣服的下摆，露着大腿小腿，朝着各自的方向一哄而散。

“老爷子‘嘿哟’一声使上力气，用肩膀扛起货车的横杆。半边胳膊有残疾，所以必须借着前胸的力气，用一只胳膊拉车。那周围人迹罕至，只靠露水就获得滋养的牵牛花十分茂盛，四处开放。老头用力拉车，在颠簸的路上向前驶去。

“从叶山到大崩海角，是平缓的上坡。过了大崩海角，又是下坡。老爷子跟我说：‘那是车咣当咣当地颠簸着，来到茶

屋跟前的时候。'

"'哎呀,给我个枕头,给我个枕头。'嘉吉叫唤起来。

"'胡说什么!你这个小子,还敢想这么奢侈的事儿!你当我是在妓院里卖的女人吗?'老爷子一边嘟嘟囔囔地数落他,连看都没看他一眼,继续向前拉着车。"

"他是不是做什么梦了?"

"哪只是梦啊。我跟你讲。嘉吉那家伙,不一会儿就开始哼哼,声音像是要被勒死似的:'好憋闷,好憋闷,要流鼻血啦,头晕眼花啊,把头给我抬高点儿啊,不,你们要干什么?来吧,要杀就杀,要划船就划船。'他以为自己还在船上。

"老爷子回头一看,原来是绳子松了,他正大头朝下吊在车上,脸马上就要挨地了。怪不得这么难受呢。

"但是,老爷子根本就不管他。'就让你大头朝下,让酒在你的脑袋里多待一会儿,不是正合了你的意吗?我的手不好使,你就多忍一会儿吧。'说完,就继续摇摇晃晃地往前拉车。'要死人了,要死人了,救人啊。'嘉吉玩儿命似的叫唤。"

老人朝苇篱外面看了一眼。

"应该就是在屋檐下面,一个身影清丽、身形修长,身穿一件淡蓝色衣服的美人站在那里,美得让人看了直打寒战。天上是一牙低低的新月,仿佛海浪都能拍打到。美人漆般油黑的长发梳了一个高高的发髻,一柄雪白的团扇遮在面前。

“美人轻轻地走到路边。

“她叫住老爷子,问道:‘他是罪犯吗?’

“老爷子答道:‘别说这么不吉利的话。车上的吃的用的,可都是今天新买来的。谁会在这种东西上面运罪犯啊。他啊,是这么这么这么回事。’‘真可怜,肯定好疼的。’她把团扇从面前移开,把这柄像羽毛一样轻盈的团扇,横着衔在了嘴里。

“这时,她转过身去背对老爷子,就像这样斜着脸。”

说着,老人转过身子背对着法师。从老人转身的动作中隐约可以看出那个新月之夜的女人的风情。在透过苇篱的阳光照耀下,老人的脖子显得很白皙。

法师朝行李靠了靠,问道:“然后呢?”

“那个女人放下双手,两只白皙的手掌合在一起,抬起了嘉吉朝下耷拉着的脑袋。也许是因为用力的关系,她的身子看起来缩成一团,肩膀也显得窄了不少。”

九

“然后她说:‘照顾一下他吧,把他放下来。’

“‘这种粗人,就算对他粗暴一点儿,也全不当回事。你不用管他,怪麻烦的。’老爷子摇了摇头说。她又问:‘那你们去哪儿?’

“老爷子一路上总被拦下来，也正生着气呢，于是有些不耐烦地说：‘去秋谷的明神神社附近，把他给他老爸老妈送去。’

“‘那您就把他交给我吧，就在这儿就行。’

“‘你是谁？’

“‘明神大人的侍女。’

“这时周围吹起一阵海风，仿佛海浪都要拍打在月亮上。月光下，苇篱条纹状的影子透过衣袖，映在她的白雪一样晶莹剔透的皮肤上。抬头仰望，空中的云彩仿佛白鹭腾空起飞。哗的一声，一个浪头拍向海岸。

“老爷子打了个寒战，忽然变得顺从起来，说：‘好，好。’他解开绳子，嘉吉从货车上滑了下来，她放下抬着的双手，把嘉吉的头轻轻放到地上。

“嘉吉的手脚不停拍打挣扎，差点儿踢散了货车的辐条。

“‘好了，没你的事儿了。’她这话说得仿佛老头子是碍事儿的人一样，实在出乎他的意料。

“其实有什么可出乎意料的，我家老头脸皮那么厚。呵呵，呵呵。”

“不，不。就算我只是听您讲这件事，也觉得她好像故意当老人家是坏人一样。老人家实在是对那个醉鬼好呢，哪能就这样被诬陷。她这样做，的确是应该让良心受到谴责。”

“是啊，哪怕是开玩笑，既然说是‘明神大人的侍女’，那把嘉吉绑在货车上的人，简直就是把明神大人真正的子孙当作继子一样对待，所以在她看来一定是无法接受的。

“然后，老头子把车上载着棉花，但把嘉吉绑在车上的并不是自己等等事情，从头到尾，像是找借口似的说了一遍。结果最后那人说：‘好了好了，你一边去吧。’

“老头子听了生气，手里狠劲儿挥着头带说：‘一点儿都不好。不把道理讲明白了，我今天就是不肯罢休。如果你是明神大人的侍女的话，就给我听好了。像我这样的残疾老头，怎么去照顾一个年轻的醉鬼？要说佛祖也是不识人间疾苦。如果有如此慈悲心肠去在意一个醉鬼，为什么不给我们夫妻，给我家老太太一个孩子呢？要说我是个没后的，我也认了。但我让灯笼烧伤，又为什么坐视不管？只要我这胳膊不是残疾，就算同样是绑在车上，也不会让他大头朝下，这么危险。今天咱们第一次见面，在你看来我是个很残酷的人，这实在叫人心里难受。’

“‘快回去吧。’这话简直是说不下去了。

“‘偏不。不把这事儿说清楚……’他还想继续辩解下去。

“‘回去吧。’法师大人你听听。

“对方用团扇遮住脸，白雪似的手向身后伸去，把整个货车朝着老头子推了过去。她的手洁白如玉，滑过车轮，就像棉屑挂在纺车的轮子上。车轮骨碌骨碌地朝着老爷子的后背碾过去了。这样一来还不把老头子压在车底下吗？”

“噢噢噢噢。”

法师瞪大了双眼，屏气凝神地听着。

“真是吓人一跳。老爷子像游泳一样，把手伸向天空，被本该是自己拉的车推着向前走。‘哇’地叫了一声，就被车子从村子的入口一直推到了这条街道像锅把儿一样拐弯的那儿，就是明神大人神社的森林前面的石阶那块儿。

“您也看到了，这条路有坡度，那边有些低，但也算不上下坡。但那天，车可是快得很啊。一转眼就过去了，到了石阶那边，老头子浑身用劲儿，‘嘿！’的一声，好不容易才刹住车。结果车轮还是有惯性，在路面石头上嘎嗒嘎嗒地空转，还向上跳呢。

“抬头看看，树林子可暗啦。老头子说，当时他浑身都直打哆嗦。”

十

“老头子本就是个不服输的人，他在月亮下面回头望了望远处，还能辨认出来形状的东西，也就是您身后的那块压在苇篱包着的柱子上的石头，还有我回家前支在那边的板凳。

“从那边到对面的大崩海角之间没有阻挡，可以直接看过去，就见她在山脚下漆黑一片的草地上，蹑手蹑脚地往回走，身子看起来比网上的蜘蛛还小。

“老头子想着：‘我要看看她究竟怎么处理嘉吉。’

“您肯定知道，经过明神大人神社前面的石阶，就是三崎街道。从侧边的土路进去就是村子的入口。老头子就把货车拉到了那条土路上。这边的民风淳朴，只要看看车上的东西，就知道是鹤谷大人的货物，所以绝不会有人下手。

“老头子说他是匍匐在地面，隐藏身形才回来的。后来村子里的人都说：‘哪有那么容易藏起来，你那么亮的光头和橙黄色的头带在月光下哪能藏得住。你一定是中了她的法术，变成了一只红钳子的螃蟹。’结果老头子怒目圆睁地回敬他们：‘噫，给我闭嘴！太瘆人了！’说的时候啊，就差嘴里吐泡泡了。

“您要笑就笑话他吧。真是的，这么一把年纪了，人家叫他走，他偏不听。”

法师听了她的话，皱起眉头说：“这可一点儿都不好笑。后来老人家出过什么不好的事情吗？”

“一定是她饶过了我家老爷子。”

老人一脸虔诚地说。

“所幸，老头子平安无事。今天他还去鹤谷大人家忙农活了呢。”

“那遭难的就只有嘉吉了?”

“那是他自作自受。首先是她一片好心,亲手给了嘉吉一服清凉芬芳的解酒药。就连服药用的水都留下了……就在那个木桶里。”

说着,老人回头朝身后看去。苇篱对面大概是献给佛祖的石竹花,花下面背阴的地方摆了一个木桶——看起来自那天以后就没再动过——箍子和绳子已经换了新的。

“打来了水,含在嘴里,给他把药喂下去了。没一会儿,嘉吉就醒过来了。她说:‘你干了错事,如果回不去老板那儿,就用这个交账吧。’接着,就拿出来了一件东西。

“定睛一看,哎呀,那不是一颗翠绿色的、闪闪发光的珠子吗?

“是老头子躲在草丛里,探出头来看到的。

“听我家老头子说,那颗珠子在她的指尖发出淡绿色的光芒。珠子的光芒透过她白皙的手指,就像手中攥了一只萤火虫一样。

“那颗珠子只有在她的手中才会这么美丽。但没一会儿,那光芒就消失在了嘉吉那掷骰子的手里。

“然后,她低下头,依旧用团扇遮挡着面容,把不知什么时候拔下来的簪子,轻轻地重新插在了乌黑的秀发之中。她站起来，也不知穿的是草鞋还是木屐，和月光一起，像轻抚海滩的微波一样离开了。

“老头子看到这里，又是一个寒战。你说，这也太难以置信了。也许，她说是明神大人的侍女并非事实，说不定她是叶山附近谁家别墅的人，微服出门。

“现在您走的方向正相反，是秋谷那边。要说秋谷让人不可思议的事情，可不止这一件。

“嘉吉那家伙，就像俗话说的，实在是恩将……那个什么来的，简直是得寸进尺。他借着酒劲儿，蹬鼻子上脸，不光收下了人家的宝珠，还说什么‘想要报恩’‘你叫什么名字’‘让我看一眼你的容貌’，跟着人家就是不放。刚开始还只是这样，那个人也只是一边走一边婉拒。结果没一会儿的工夫，他就开始唱起晚上从土路去织布厂的大姐那里时唱的曲子什么的，哎，真是让人不好意思学。然后他越来越上脸，又是扯人家衣袖，又是从后面抱住人家。

“听我家老头子说，他当时出了一身冷汗。结果就像草鞋挂在了衣摆上，她就这样拖着‘挂’在她身上的嘉吉走远了。你说说这事儿，简直太蹊跷。”

“真是作孽啊。”

小次郎法师谴责道。

十一

老人摆出一副很会看人的样子说："真是的，我第一眼看她，就能看出来。"

"不管她是神还是人，都不是嘉吉这种人能搭得上话的。就算是要搭话，就算要感谢人家的大恩大德，最多也只能是向着人家的背影感谢，否则是要遭报应的。如果是个恶徒、无赖，那就应该马上洗心革面，你说是不是？

"嘉吉不是坏到根上的人。他只是个没人管教，又好吃懒做的懒汉，分不清好歹。

"'头发长的就是女人'，也就是这么回事，跟一条发情的公狗一样。送他珠子这种大恩大德，在他看来跟分家[1]的大姐在矮树丛旁边掰一半牡丹饼给他是一个意思。对吧？'既然给我吃的了，就一定是对我有意思吧'，所以就黏上人家了。

"哪怕是美丽的辩才天[2]，要是被苍蝇盯上，也让人难受。

"于是，她就朝着被草丛掩盖的小路走去——在一般人看来，那只是一条枯草掩盖下的岩缝。"

---

①大户人家没有继承权的次子、三子等独立出来形成的旁系家族。

②印度教女神辩才天女的日本形象，日本神话中的七福神之一，象征口才、音乐与财富的女神。

老人坐在那儿，在自己跟前比画了一下，就继续说：

“这是一条前往秋谷村的近道。顺路朝对面爬一段山路，就能翻到山的另一面。虽然马和车都过不去，但是我们晚上关了店，只把点心、水果、商品都装进包袱皮背在背上，一只手提着水壶，影子拖得长长的，走在夕阳里。哪怕是我这个驼背的老太太，也能轻松回家。

“她走上了那条小路。……衣摆随风飘动。

“‘真太蹊跷了。’老爷子觉得奇怪，刚要往前探出半个肩膀的时候，她忽然离开了海边，一下又出现在了高高的山腹上，老爷子不由得心生怀疑，难道是嘉吉做了什么坏事？

“她忽地回头瞪了一眼，遮着脸的团扇飞到了空中，扇子边斜着拍到了嘉吉脸上。

“嘉吉‘呀！’地惊叫了一声，弹了起来，虽然距离不过五六十米，但就见他连滚带爬，飞也似的逃了过来。

“要说老爷子他也是，正屏气凝神、捏着一把汗看着，让嘉吉‘呀！’的那一声吓得坐了个屁股蹲儿，‘哇’地叫了一声，从藏身的地方跳了出来。这时嘉吉正好跑到他跟前，跟他撞了个满怀。这一撞不要紧，两个人朝两边弹开，摔在了路中间。哎呀，你别见笑，那样子真是丢人啊。

“两个人都摔了个屁股蹲儿。

“‘混蛋，你干、干什么啊！’老爷子这心里又气又怕，表情跟见鬼似的朝嘉吉吼道。这时候嘉吉都不正常了，眼睛瞪得大大的，看着我们家老爷子宰八。

"'怪……怪……怪……'

"'什么？！'

"还以为他想说'怪物！'结果话还没说明白，嘉吉就又站起来，往回跑了也就是十来步的样子，就大头朝下倒了下去。

"老爷子又吓了一跳，刚要站起来，结果脚还没站稳呢，就又摔倒在地，粗粗地吁了一口气，紧张得连浪涛声都听不到了。在通向秋谷的山间小路上，蟋蟀的叫声传来的同时，就听到她用露水般剔透，能够穿透一切的嗓音唱道：

这是往哪里的小路呢，

小路呢？

是往天神神社的小路啊，

小路啊。

让我快点儿通过吧，

通过吧。

"她的歌声十分悲伤十分凄凉。

"声音越来越远。这时白色的云彩涌了上来，山顶就像被薄薄的棉布包裹着。从歌声传来的方向，海面上，'哗——'地下起了小雨。雨断断续续地下着，她的歌声朝着山的另一面，越来越远。

“‘刚才看到那片兔毛似的薄云，感觉可能要下雨，但我可真够粗心的，没有及时去照顾，这下货要被淋湿了。’老爷子急忙跑回去，一边咯吱一声拉上车，一边叫上村边一个小店的人，让他们去照看一下嘉吉。

“我家老爷子说，总感觉，那歌声啊，也不知道是十五年前还是五十年前听过，现在讲起这个事儿的时候，也回响在耳边。

“大概是老爷子觉得有些顾虑，现在也不肯细说当时的事情。总之，自那以后，嘉吉就变成了那副样子。

“哎，自从那天发生了这些事情之后，这附近一下就热闹了，附近的孩子谁都没教，就都把那首歌……”

十二

这是往哪里的小路呢，
小路呢？
这是通往秋谷宅子的小路啊，
小路啊。
让我快点儿通过吧，
通过吧。
无论谁来都不让过，
不让过。

“那个……唱出来，就是这首歌。

“学校教的，‘乌鸦呱呱叫’什么的，还有‘池里鲤鱼吃麦麸’什么的，这些都是正经的歌。但孩子们都不唱这些，而是唱刚才说的——

这是往哪里的小路呢？

这是通往秋谷宅子的小路啊。

“孩子们一个个的，只要见面，就唱这个歌。用悲伤、凄凉的，细细的嗓音唱。好多年都没听到有人唱这首歌了，自从村子里有人传言说那天晚上老头子听到了这首歌以后，都没人教，忽然就流行起来了。

“其实，这首歌原本的歌词是：

是往天神神社的小路啊。

让我快点儿通过吧。

没有正当理由的人不能通过。

“嗯，原本的歌词应该是这样。但村子里流行的歌词是：

这是通往秋谷宅子的小路啊。

无论谁来都不让过，

不让过。

“是他们把歌词改了来唱的。不光如此，孩子们傍晚在那边玩的时候，净干些让人毛骨悚然的事儿。

“他们一个个的，摘来山芋的叶子，在叶子上开三个洞——两个眼睛、一个嘴巴，然后戴在脸上。从大孩子到小孩子，他们一身有青白条纹的、吓人的装束，看起来像是狐狸或者是狸猫，或者是姑获鸟。有些叶子带着被虫子吃过的痕迹就更吓人，看上去像麻风病或者是天花的痘痕。他们也不管时间地点，无论是树丛前，还是山谷的入口，或是山麓，三五个孩子排成一排，边走边唱。他们这样玩，还不光是一队或者两队。

“他们越玩越出格，最近还有人把玉米穗子做成尾巴似的装在身上，或者是嘴里叼着木桶，像提着灯笼一样提着茄子走在昏暗的小路上，一直在外面转到天黑。

“还有更让人挂心的呢。他们手里拿着小石头，‘啪咔啪咔’地打着拍子，不光歌越唱越熟，各自回家之前，其中一个孩子还啪咔啪咔拍着石头问：

“‘刚才打的是几时的钟——’

“另一个孩子就也啪咔啪咔打着拍子答道：

“‘是巳时的钟。’

“回答完后，就依次‘午时、未时、申时、酉时’地数。

“‘刚才打的是亥时的钟！’

“以亥时为信号，‘妖怪来啦——！’

“说完，孩子们就一溜烟地散开，跑了个光。

“每当看到这个情景，都会让人觉得十分凄凉，心里很不舒服。就像盂兰盆节的时候，很多死人的魂魄在那边游荡，随时会把人拽到地窖里一样，让人实在忧郁得很。

“‘你们唱的那叫什么歌！多唱唱明朗快活的歌！’学校的老师也教训孩子们，但如果老师教训一句就管用的话，也就没人逃学去钓蜻蜓、爬树了。所以，无论老师怎么教训，就是不管用。

“在家里，家长们也都教训他们。有厉害的家长，跑去路上守着，看到他们就说：‘这个熊孩子！张三……不，是扁鼻子戴着山芋叶的李四。要让我抓住，看我打不死你！’结果定睛一看，他们各自从高到低排成一排，一个个都蒙着同样的叶子，就连衣服上的花纹在黄昏时刻昏暗的光线中也看不太清。要是在庄家大人的白墙前面没准儿还能认出来，但在这儿根本分不清哪个是孙子，哪个是儿子，哪个是小女儿。

“他们都一个样，都像是被什么附身、被妖怪控制了一样。家长们管不了，只能转来转去干着急。村民们只要有什么机会聚在一起，全都束手无策、一筹莫展。‘太奇怪了，太奇怪了，这事儿可不一般。’村民们都觉得十分害怕。

“其中，鹤谷喜十郎大人叹了一口气，非常地担心。”

老人恭恭敬敬地说着，朝四周环视了一圈。

十三

老人像是跟法师有十年的交情一样，把身子凑过去，悄声说道："请您再听一遍这首童谣——'这是通往秋谷宅子的小路啊。无论谁来都不让过。'这样的。"

小次郎法师点了点头，老人盯着法师继续说："看来给您讲清楚了。"说完，她又点点头。

"事情大概是这样的。首先，秋谷这个地方，有仓库、白墙、瓦房的当然不是一家两家，但就像说太阁就是丰臣秀吉公，说黄门就是水户黄门一样，这附近，只要说是'宅子'，那就只有鹤谷家的宅子了。

"话说到这儿，鹤谷家除了本宅——也就是这个村子最先盖起来的宅子，还有一间，就是鹤谷喜十郎大人想当作隐居所的别墅。

"鹤谷家有的是钱，所以无论是在连廊两边种上紫藤花，还是在洋窗的窗边养只鹦鹉，都可以随心所欲。这种人家多得数不胜数。但是喜十郎大人是个十分传统而又顽固的人，说是'我们这样的农民，建个别墅实在是不相称'。当时，邻近的立石村有一个以前的大户人家，宅子连地基一起出售，光是房顶上的瓦就值好几千两，顶梁柱两个人都抱不过来，虽然是一层的平房，但天花板做得又高又气派，宅子里足有十来间屋子。鹤谷大人把宅子买下,装在牛车上,整个儿搬了过来。还在树林前边那片地上建了一座黑漆的大门,然后在林子深处,把买来的宅子像深山老寺一样地建了起来。那时正在东京学习的喜太郎少爷学成回家,喜十郎大人正好借着这个机会,把家主的位置让给了儿子,夫妇两人搬到了这所隐居所。

"大概是去年夏天,在东京曾经关照过喜太郎大人的一个大家小姐说,暑假想要找个地方,悠闲地养病。

"少爷找喜十郎大人商量说:'海边很是热闹,但车马川流不息,灰尘太大。她想找一个安静的地方,隐居所的房间又多,正好合适,所以想在那儿借三个房间。她大概会跟两个侍女一起过来。'喜十郎大人回答说:'隐居所,顾名思义,是避世而居的地方。现在我们再回到本宅也很麻烦。但是因此就委屈年轻的小姐和我们两个上年纪的人住在一起的话,她也一定会十分憋闷。年轻人就应该和年轻人在一起。你带她去本宅那边,就当土用[①]是过年,玩玩翻花牌什么的,小姐应该也很高兴吧。'真是可怜天下父母心。

"然后,少爷就把本宅的几间屋子收拾出来给那位大小姐养病。一天晚上,她乘着人力车就来了。据说是'美得超

---

①日本民间节日,原指四立(立夏、立秋、立冬、立春)前的18天的时间,但实际上多特指立夏前的土用。

凡脱俗’,但别说我们了,无论谁都没见过她一面。也难怪下人们都被下了缄口令,把她藏得那么深。

“那个大小姐的肚子,大得都要掉下来了。”

“嗯？难道是怀孕了？这可太岂有此理了！难道少爷就是孩子的爸爸吗?”

“您说得没错。而且啊,那个大小姐来了不到一个月,就出大事儿了。喜太郎少爷的夫人也临月了!

“本家那边有一个叫仁右卫门的老爷子,外号叫‘苦虫’。虽然是家里的下人,但他成天也没什么事做。那天苦虫苦着一张脸去找老爷,磨蹭了半天也说不出个所以然来,最后一边捻着烟卷一边挤出话来说:‘是,那个,从前有老话说,如果两个人同时生产,不是先生的,就是后生的,总有一个会不太好。这个事必须想好再办啊。’

“就连绝收的年头,都没见过喜十郎大人双手抱在胸前发愁。‘先不管是好还是不好,总不能因为要照顾自己家的媳妇,就残忍地把别人家的临月的小姐赶出门去。但是话虽如此,也不能把本宅让给一个来借住的人,而把儿媳妇接到隐居所来。那样连列祖列宗都对不起。这样吧,我们回本宅,把隐居所借给那个小姐吧。’喜十郎夫妇从黑漆大门出来,回到本宅,就像是预示着他要重新当回家主一样。

“鹤谷家,又回到了隐居夫妇这一代。”

“是因为少爷做了大逆不道之事，东窗事发，被逐出家门了吗？”

“您继续听我讲。喜太郎大人去世了啊。前前后后，那个黑漆大门里，一共出了五条人命。”

“五个人！”

“是啊，是啊。”

“都是谁和谁呀？”

“第一场，是那个来养病的小姐。刚生下来孩子，整个儿人就都凉了。这个小姐的事儿刚办完，也就是七天之后，就是少奶奶临盆。”

“分娩的时间连着推后了两个时辰，从早晨六点一直到晚上十点，那是痛不欲生的难产。

“整个村子跟着了火一样，都开了锅了。而本宅那边却一片死寂，传出来的只有读经的声音和咳嗽的声音。”

十四

“请道士来算了一卦，‘这是死灵在作祟，绝不能输给它们。咱们要反击报仇。咱们安排人拿刀在前开路，杀去别墅的那间产房！’说完道士把身上穿的那件老旧的裙裤左右的下摆撩起来夹在衣带之间，嗖一声站了起来。产妇躺在那儿，六个人，四个抬褥角，两个抬两边，轻轻抬起，放在推车上。

“一行人里，打头阵的是那个道士。他把降妖除魔的护身符像这样塞在衣襟里，同时又把长长的装竹签的袋子褪下来一半，露出算卦的竹签，像小刀一样挂在腰间，还用一个老旧的马灯照着算筹，挥着大手，带着一行人走在上空布满乌云的、闷热的田间土路上。

“仁右卫门抬着少奶奶的嫁妆，握一柄青螺漆面装饰的大刀，拉好了架势。队伍中间，是载着产妇的车。喜太郎大人戴着帽子脸色煞白地走在一边。殿后的是穿着鲜红色法衣的持明院的和尚和家里的男女用人。产婆已经先一步跑到黑漆大门的宅子里布置产房。

“这是一支多么不寻常、多么罕见的队伍啊。半路上不知怎的，萤火虫像苍蝇一样聚集到躺在车上的产妇身边。她的人美，心也一定和我们不同。她像孩子一样伸出手，大概是想要抓住这些萤火虫吧。

“但就算她将手伸向空中，在我们这些知道她状况的人看来，也像是挣扎着想要抓住什么一样，让人不忍心去看。

“就因为这样，道士才说‘不能输给作祟的死灵！’她就用一口雪白的牙齿紧紧地咬住枕边滑落的发梢。那天我早就等在树丛旁，见少奶奶过来，就抓住车边对她说：‘少奶奶坚持住！’她虚弱地微笑着答道：‘是。’河的对面，就在那棵桤树附近，周围来了好多好多萤火虫，照得四周的牵牛花都在黑暗中浮现出来。我心想，萤火虫就像聚集在少奶奶的脸旁一样聚集在牵牛花旁，还闭上眼睛给她祈福呢……”

老人用悲凉的语气说。

“寺庙的钟声敲响了。”

“南无阿弥陀佛。”

“真是太可怜了，就在初产的那一晚……唉。

“真是让人觉得不吉利的事情。我们到了黑门，要把少奶奶推进产房。那间房子，就是来疗养的那个大小姐生产的地方。随后难产的产妇说：‘啊，那边有一个戴着绿色头带的人躺在那里。就把我靠边放吧。’

“‘别输给它！把它压住！’我们强行把裹着产妇的褥子放在了那里。也许是因为她被夜里的露水打到，这时已经来不及叫医生了……

“你……也真可怜啊！她朦朦胧胧地，但使劲儿抓住枕头，最后‘嗯’的一声，把孩子生了下来。可惜连哭声都没有听到，母子都没有了。

“大概是事情太过残酷叫人丧失了理智，喜太郎大人第二天早晨就在屋后的水井投井自杀了。

“虽然后来把水抽上来，里里外外都洗了一遍，但所有人都说那口井太瘆人，谁都不肯喝那口井的水。现在那口井的井口已经长满了绿绿的苔藓。

“因为年轻人都害怕得不敢接近，所以每过七天、十天，都是仁右卫门和我们家宰八两个老头子打开防雨板，开窗通风，让光亮照进屋子。但自从上次嘉吉得了失心疯，哪怕是老人，谁只要接近那片阴森的森林，朝黑漆大门看上一眼，都会怕得两腿瘫软，止步不前。

“村子里的人纷纷传言，说‘那天晚上的美女簪子上的那个闪着绿光的宝珠，其实就是萤火虫吧’。那以后孩子们就开始在山芋叶子上开洞，在村里晃悠了。您还记得歌词吧？

这是通往秋谷宅子的小路啊。

无论谁来都……

“就是这个。这样一来，那边没了人气，转眼就野草遍地了。‘黑漆大门的宅子也就算了，秋谷的本家那边是绝不想断了人气的。不过或许这个愿望是实现不了了啊。也许是鹤谷家气数将尽啊。’喜十郎大人十分伤心，头发一夜之间就白了。老夫人也是日渐憔悴。

“啊啊，啊啊，一不小心说得太久了。差不多快到时间了，哦，就是山芋叶子唱歌乱转的时间。”

说完老人朝四周看了看。海浪的颜色变得绿了一些。

两人都没有说话，周围重归寂静。旅途中的僧人闭着眼睛听得入了神，现在如梦初醒般抬起头，透过苇篱看向前后的街道。太阳已经落到了没有必要抬头仰望的高度。

“这么让人铭刻于心的事情，不小心听入了神，不知不觉，已经到了路人看起来是剪影的时间了。世事无常。老奶奶，多亏了您，今天我收获颇多。谢谢。”

十五

“法师大人，您接下来要去哪里？”

看到法师拿起行李，老人也跟着一起站了起来。

“本来打算今天之内经过镰仓，到藤泽去。但现在叶山应该已经到了掌灯的时候了吧。噢，刚说什么来着，对面森户的松树之间，已经能看到灯火了。”

“您真是见多识广。”

“出家之前，我曾经到过这里，所以知道。这次去镰仓，也没打算玩。原本打算循着东海道前行，但今天已经晚了。

“我修行还远远不够，在树下、石头上露宿还是很难过。”

说完微微一笑，继续说道：

“这次还是去镰仓吧。”

“那这次可真是给您添麻烦了。一不小心说得太久了，把您拖在这儿了，实在对不住。”

“不，您不用在意。是我该感谢您才对。听您一番话，仿佛接受了高僧的说法。

“这些都是我的真心话。

“您也知道，嘴上说着修行，但一路上也有在旅途中的乐趣，结识了蝴蝶、蜻蜓这样的旅伴，皈依佛门时打湿墨染的法衣袖口的眼泪早就干得不见了踪影。自然而然地，也就忘却了苦短的世间的冰冷。

“不知何时，甚至忘记了咏唱佛祖的教诲。其实，您听我说，刚刚也是一样。

“来这儿的路上，我经过了一个叫秋谷明神的神社。经过那片森林里的石阶朝下走，来到日向的麦田那边，遇到一个约莫十八九岁、皮肤白皙的姑娘。一条纱织的带子把袖口系起来，手帕系在头顶，正在田里干活。

“我边走边回头，从桧木斗笠下探探下巴问道：‘这附近有什么有趣的事情吗？’本来以为问了也是白问，但姑娘说道：

“‘有的。海岸那边有一种叫产子石的石头。是这般这般的事物，是这儿的特产。’像您一样，很热心地告诉我这里引以为傲的特产，‘顺着石阶一直走，穿过田地，就能看到了。’还为我指了方向。

“然后我就说：‘就算产子石是这里的名产，但只有男人还是生不出小孩的。怎么样，姑娘？’我瞟了一眼她藏在麦田里的岛田髻，她哈哈哈哈地笑了出来。真是让人万万没想到，实在是丢人。

“刚刚听您讲嘉吉的事情的时候，我心中还在想：‘幸亏没干出什么失心疯的事来。’不由得打了个寒战。

“之后说到黑漆大门的别墅，我真的沉浸其中，很是消沉，发自内心地在心底念起佛来。

“在今后的旅途中，我也会继续为那些年轻人念佛的。感觉躺在破旅店的枕头上，闭上眼睛，他们的身姿都能清晰地浮现在我眼前，所以我想更加虔诚地为他们诵经念佛。

“老人家，谢谢您讲给我听。甚至可以说，是您将我带上了向佛的道路。就算从现在起一直说一夜，我也愿意洗耳恭听。

“都因为您说得动情——我听得也真切——大概有四五个人都因为怕打扰咱们，从门口经过而没有进来。

“其中有一个白发的老婆婆，看起来像是本地人，用包袱皮裹着行李，穿着草鞋，卷起裤腿，拄着手杖，看起来应该认识您。她在对面跟您打招呼，您说得太投入了，没有听到，结果她笑眯眯地走了。

“因为我也正听得入迷，心想话听到一半被打断多不好，所以装作没有看到呢。

“打扰您做生意了，实在对不住您。”

说完，法师把扇子放在膝盖上，手搭在两边，郑重地鞠了一躬。

老人又打量了一遍法师，说道：“大师，您真是太了不起了，太高尚了。谢谢您。”

老人发自内心地表示崇敬。

“有一件事，说起来实在有些难以启齿。我看您还没决定今晚住在哪里，您又是一身清廉的出家人，不是那种出家人—— 一听说村子里有大户人家，就会想去化缘，说‘特别想去祭奠逝者，为他们干这干那……’”

老人说得很是直白。

“结果您非但没有贪念，反而首先检讨自己的不对之处，说‘将来在路上为他们诵经’，着急出发，真是一个质朴的人。

“您在旅途之中，就算头发长长了，反而让您显得更加尊贵。算我在这里求您，能不能请您去黑漆大门里的别墅，诵经超度呢？……

“如果您肯去，鹤谷家不知道会有多高兴。”

十六

鹤谷家的下人，外号苦虫的仁右卫门老爷子，像一个长了角的鬼魂一样，手里提着包袱皮裹着的行李，在小河旁的草地上信步而行。

“我说，宰八。”

“干什么？”

胳膊残疾的天坊蟹宰八脚穿一双破烂草鞋踩在同族的洞穴上面，紧张地回道。他背上同样背着一个装着铺盖的翠绿色的大包，包上面印着舞鹤形的家纹。那样子，像是民不聊生的战国时代落难的逃兵一样。

“说说，上次你遇到的那个，就是现在住在黑门那边的年轻人，是在哪儿捡到手鞠的？”

“马上就到了。你看，再往前走一点儿，不是有一棵特别茂盛的细柱柳吗？”

“噢。”

“就是那旁边。那个人的帽檐歪歪扭扭，耷拉下来，整个儿都变形了。就在那儿……”

大概是被他的说话声惊扰，叶子后面飞出来几只萤火虫。三三五五的萤火没多久就消失在了头顶的星空中。山边一条泛着白色的溪流，淡淡地浮现在黑夜里。

这条溪流没有水声，像笼罩了水雾一样，模糊地蜿蜒在青田村。

“这儿，就是这儿了。”

宰八站住了。前方就是黑门后的那片森林，秋谷的黑夜比这儿黑暗得多。心里想到这里，前面的暗影已经朦朦胧胧地延伸到了人们的脚边，一直袭向河边地势较低的草丛。假若周围是这番景象，一个人站住，其他人也都会站住。

宰八身后还有一位拄着手杖的绅士，他是村里学校的老师。

“一个面生的旅途中的书生，把行李放在地上，躺在上面，弯着胳膊，两条腿朝前，摊开了甩在草地上。那边不是有好多花儿，像白鹭的羽冠似的，从水面上伸出来，有些发白。白天看有些淡淡的粉色。那是什么花来着？是魁蒿吗？”

“是石竹。”

“是牵牛花的一种。也叫常夏。”

老师挺直了腰板，说着一挥手杖，就听“扑通”一声。

“噢，大家不用怕。是青蛙。”

“那个青蛙……啊不是，我想说牵牛花。他摘了好多牵牛花，绑成一把拿在手里。他把花拿在手里，也并不是在观赏。他眨眨那双美丽而又很伶俐的大眼睛，好像正在和水面上空浮现着的翠绿色的星星商量着什么事情一样。

“他脚上穿的不是草鞋，所以应该不是这一带的人。我也做完了活儿，就差回家和老太太用白天卖茶剩下的茶叶渣做一碗茶泡饭吃。我走到他身后，心里想这人要是迷路了，就给他指指路，结果没过一会儿，他忽然一个挺身站了起来，说：‘大爷，那个，那个。’”

这时候，宰八把身子靠近了水面，背上的行李倒映在水面上。

"'手鞠,水里有个手鞠,朝这边过来了! 帮我捡来,我会出谢礼的!'他这么说。

"我朝水里看过去,哦,有一个圆圆的东西浮在水面,就像那把牵牛花一样,周围也没有泡沫,后面拖着夕阳的余晖似的水波。

"'钱无所谓,但下水把脚弄湿了,可不舒服。'

"我话音刚落,那个年轻人提起裤腿,哗啦一声就扎进了水里。

"这水流根本不快。就算你一言我一语,说上半天,那个手鞠也不会漂走。但估计是外地人不知道这些,他一下就跳下水去,跟要抓住闪电似的,哗啦哗啦地追到河中间。估计是被他游泳的水流带的,那个手鞠一下翻了个个儿,朝着河岸漂了过来。

"'真是个着急忙慌的人。真那么想要的话,就想想办法,我去折一根柳也能把它够过来。你看,这么好的天气,却湿成了落汤鸡。'我一边嘟囔着,一边'嘿咻'一声蹲下,准备去拾那个手鞠。

"你看就算是这种小河,只要有水流,就会有波浪。不想弄湿自己,连个贝壳都捡不到。我刚要伸手去捡,一个波浪过来,那个手鞠却又被冲到了河中间,最后还是被他捡到了。仁右卫门、老师……"

宰八背上背着装有铺盖的草绿色的包裹,把橙黄色的头带扯下来说:“但让人恶心的……是……手鞠捡起来之后,那下面有一只猫啊!”

十七

老师苦笑道:“自从嘉吉成了疯子之后,你们怎么也都胡说八道的。你认识的人里,怎么这么多怪人啊。就连在猫妖故事里,都从来没听说过会潜水的猫。”

“那还不是当然的。你也不是不明白事理的人。不管是在天上飞还是在水里游,秋谷的猫就没有我不认识的,怎么会让人恶心。但那只猫,皮毛已经被水泡得松松垮垮的,前腿上连毛都没有,露出皮来了。身子耷拉着,骨头都露了出来。根本就是一具尸体。”

老师厌恶地说:“原来是尸体。”

“什么‘原来是尸体’,正因为是尸体,才叫人恶心。它的圆圆的眼睛凹进去,但还睁着。那人捞起手鞠之后,就能看到三花猫的皮毛已经变得斑斑驳驳,在水中忽悠忽悠地摇摆着,肚子翻上来,又沉下去,眼睛竟然还泛了一道光。周围都是脏兮兮的、灰色的泡沫,尸体就这么在混浊的泡沫中漂走了。那个人爬上岸来,拧干了下半身的衣服,把帽子摘下来,帽斗朝上放着,然后把手鞠放了进去。我在一边看着,那个五色手鞠——有紫色的线，也有黄色的线——其实根本没怎么湿啊。”

仁右卫门用低沉的声音说：“我说宰八。”

“干什么？”

“那个手鞠去哪儿了？”

“还在那个学生那儿吧。”老师从身后插嘴说。

“忽然就消失不见了，就像梦里捡的钱一样。嘿，嘿，嘿。”宰八怪异地笑了。

“嗯。”苦虫苦着一张脸，独自朝前走去。

“你又来了，别胡说了。你是想说，在你的面前，就像肥皂泡一样，忽然就消失不见了吗？真是稀奇啊。”老师说。

“不是啊，当然不是。”宰八追上仁右卫门说道。

“那个人问我：‘大爷，这附近的村子，现在还有人玩拍球吗？’

“我反问他：‘为什么问这个？’

“‘这附近的孩子，不是都用温柔的嗓音，唱着令人怀念的歌谣吗，就像这样——

这是往哪里的小路呢？

这是通往秋谷宅子的小路啊。

“他说那个歌是‘温柔的嗓音’‘令人怀念的歌谣’，问‘有没有人玩拍球’。

“我刚想跟他说：‘哪有的事。你说的难道不是那些蒙着山芋叶子的家伙吗？’忽然又想，不行不行，这话可不能乱说。把村子里的秘密说给外人，自取其辱可不是好玩的。

“所以我跟他说：‘哪有啊，孩子们就在学校里做体操。要么就是用汤勺捞球玩，中午玩丢球，但也没听说过抛球的啊。’现在是当着老师的面儿，但当时我可是逞了回威风。”

“什么‘丢球啊’，我看你是丢人。那叫网球，叫 Tennis。你说网球就知道了。”

“哦，是这样啊……还以为是西洋的麻雀舞什么的。反正是什么都无所谓。”

“一点儿都不无所谓。”老师不屑道。

“‘不过，这个手鞠十分精致，很吸引人。是谁的呢？’年轻人问道。

“我当然也不可能知道。但是，看到说话的这个人袖口像瀑布一样往外流水，总觉得自己该干些什么，就把那个手鞠拿过来看。”

宰八掂了一下绿色的包袱皮，重新背好。

“虽然没湿，但是凉凉的。我有残疾的那只手拿不住。嘿嘿……”宰八又自己笑了笑，继续说道，“所以，用这只能动的手，把手鞠举到正在落山的太阳和刚刚从黑门后面的森林上空升起的月亮的正中间，迎着光看了一眼。

“那可不是肥皂泡啊。那是个圆圆的手鞠，影子也落在草地上。”

“那怎么可能像肥皂泡一样消失呢？你还是胡说！”

老师想着反驳宰八，手杖咚地朝地面一敲，却卡在了螃蟹洞里。老师露出不快的表情，使劲儿一拔，朝后退了一步。

“别着急，您先听着。

“这和判断豆子味增的好坏可不一样。那个手鞠，就算我看一天，我都不知道是谁家的。那个年轻人在我身旁说：‘水雾腾腾的小河，波浪中映着牵牛花的影子。远处传来孩子们的歌声的时候，手鞠漂了过来……三年复五年，我漂泊旅行这么多年，从来没遇到过这么让人高兴的村子。’

“他高兴得就连从他湿漉漉的衣服中滴下的水滴，也像是喜极而泣时流下的眼泪。”

十八

“——‘如果能知晓这个手鞠的主人，和他相见，那么老大爷，我就真的死而无憾了。我风餐露宿深山老林，旅行至今就是为了这个。’他这么说。

“他称赞咱们村子我当然高兴，而且他既然这么执着，我也实在是不好一句‘不知道’就把他打发了。

“所以，我就坐下来说：‘也许你不相信我所说的……’便把嘉吉得到宝珠的事儿给……”

宰八沉默了一会儿。

“是吧，等我把他的事儿说完——当然我这么说不是针对老师——本来以为那个年轻人会非常鄙夷地说‘别胡说！’但他没有。

“他说：‘噢噢，那个看起来像是宝珠的东西，一定是一个星星一样的手鞠吧。’边说着，还边抬头看着天上碧绿的星星，一点儿都不怀疑。

“然后我又说：‘其实，还有其他事情想跟你说。’又把黑漆大门的那座别墅的事情讲给他。

“听完后，他竟然探过身子问：‘这条河，是不是流经那座宅子的庭院或者屋后？’

“我就说：‘你看这条河的流向是这样的……’把这条河指给他看。”

那条河的风景，现在仍旧一点儿都没变。——它流过萦绕在小户人家屋檐下的紫烟，还流经后山山麓上萦绕的一抹抹灰色的云雾；它流过地势高高低低的青田，沿着凹凸不平的山麓，化作一卷柔软的棉布。朝霞现身的时候，它是一片雪白的手帕，等到晚霞映天的时候，它是一片橘黄的衣领，不时会化作系紧衣袖的带子，或者缠在腰部的衣带，有时又是轻薄的羽衣。现在也是，流向村边的低洼地带的入口，从明神神社的下方,转向产子石的海边,也不知道是汇入了哪里,消失在远方。尝一口河水,会发现有些咸,所以河水中应该混有海水。河水下游多藏于草丛之中。供奉在明神神社中手水舍[1]旁的灯台上镌刻的文字,上句就是“此川名霞川”,但本地也将这条河称为汤川。

或许,是因为它潜藏在霞衣之中,混迹于雾霭之间。在朦胧的白色中,流经水汽腾空的地方,才因此得名汤川[2]。

那薄云,那雾霭,让晚霞的颜色更深了一层,就连远处松树的枝梢,和近处柳树的树根,都是这条河流速放缓的地方。前面有一片旱地,穿过旱地边缘,河道变宽后就蒸腾起水汽,这里的雾霭比其他地方都要浓厚,因此可以看到一座稍高的石基朦胧地浮现在森林下面的黑暗中。这里,就是鹤谷别墅前的那座黑门。

三个人朝那座黑门走去。

现在他们正走在河岸边,河宽不到两米。在鹤谷本宅附近的下游,河道有五六米宽。在那边,河道已经掩藏在湿漉漉的草地之中。

在逆流而上来到这里的路上,需要经过一座桥。

---

①手水舍一般位于神社、寺庙的神道或社殿旁,其中设置净手池,供参拜者洗手和漱口。

②日语中“汤”有热水、水蒸气的意思。

过河的桥，在明神神社的前面、三崎街道上有一座，村里还有一座。给他们刚刚路过的村里的桥装上栏杆的，正是鹤谷家。此处的河水就像是小溪一般恬静，所以桥上的栏杆更像是给这里增添了一抹风情的饰品。这座桥，既像是架在郁郁葱葱的青山和雾霭重重的山麓之间，又像是建在河岸下边一间间茅屋的屋檐之间，也像是某个好事的有钱人家屋子和屋子之间的连廊。

青田村那边，已经可以隐约看到飘忽不定的灯火。川下村那边，都是些高大整齐的麦秆屋顶。而对面的水上村，越往里面去，简陋矮小的茅草房就越多，简直就像蓑蛾的巢穴。矮小的房屋三个、两个、一个，越发稀疏，窗户中也见不到光亮，只能在河水的远处看到一缕细细的炊烟，就像海面上船只求助的白旗一样随风摇摆。据说，海上日落晚，但掌灯反而早；而山里日落早，掌灯却反而晚。

就算在贫瘠的山里，只要拉响响板，就能向四周发出信号。就算一家一户之间间距不近，又隔着河水，相互也能看到对方。而黑门的别墅，则在远离人烟的森林之中，孤零零地立在那里，像一只巨大的蜘蛛，张牙舞爪，将暗影带向四方。

哪怕是明月当头……

仁右卫门打头阵，最先踏进了树林给四周带来的日落前的黑暗之中。但是，河边的小路就像一条松松垮垮的腰带，看上去的长度和实际距离却并不相同,从本宅到别墅大概只有八九百米。

宰八继续说道:"……'河水绕过黑门流淌过来,一座空宅也不会有人把手鞠掉进去。至于猫的尸体,也许真是有人拿到那边去的。毕竟,那边的草已经很深了。'我当时是这么说的。"

十九

"然后,那个年轻人问我说:'那个黑门的空宅能不能借我一间房?我可以自己做饭,在这里住一段时间,缓解旅途中的疲劳。'

"老师,您听听。

"您之前还问过我:'隔壁女的生孩子了,小孩每天哭闹烦死了。你知不知道哪家的屋子出租?'那时候我跟您说:'那黑门怎么样?'然后您还很犹豫地说:'黑门不太好吧……'"

老师仿佛意外被带进了话题,但看起来又早有准备。他把手杖夹在腋窝底下说:"从那里去学校不方便,路途那么远,我又有什么办法呢?"

"那是因为您早晨起得晚。"一直闭口不言的仁右卫门说。

老师就像谆谆教诲小孩子一样:“还因为那儿的水不好。谁会喝那种绿绿的跟草的汁一样的水啊。”

“是吗？先不说这个了。这事儿咱们先放一边。我又提醒那个年轻人:‘算是我求您,那座房子是一座就算白天也没有人愿意去打扫的空屋。哪怕只是一间也好,只要您住在那里,那个房间的屋顶就不会长草,房子也不会腐朽。您愿意住进去正好合了我的心思。住在本宅的老爷也一定会非常高兴的。因为这座房子并不一般。如果您要住进去的话,就要先做好心理准备。知道了吗?’

“年轻人十分镇定地说:‘当然,我早就想好了。’

“‘有您这种胆识,去当飞贼的头儿都行了。’我回道。但是还是不能放心——我说仁右卫门啊。”

“干什么?”

“刚才我说,那个年轻人穿着衣服就下水了。那时候他求我说‘帮我捡来’,结果我却没答应他,心里多少有些愧疚,又有些可怜他,就大声训他说:‘人在旅途中,你的衣服可怎么办？俗话说欲速则不什么来着？你当时要是不着急下水,就不用湿成这样了。这回可好,像被雷阵雨淋过一样,成了落汤鸡。’

“年轻人说:‘衣服我还有一套。’

“他一定是在强装门面。他看上去很尴尬,估计是为了不辜负我的好心,像是找托词一样。我是看中他了。

“我很佩服。他是一个很有心、让人很想去爱护的人。把房子借给这样一个人去住,一点儿问题都没有。最重要的,他肤色那么白,就像妖……啊,我说仁右卫门啊。”

“干什么?”

“这天色暗下来了啊。”

“已经是戌时了呢。”

“啊,南无阿弥陀佛,黑门前面可真是一片漆黑啊。”

“没事,这不是有月光吗?”老师抬头望天说,“然后呢?那个手鞠最后怎么没的?”

“这不是正要说嘛。您先听着。客人是个那么好心的人,所以妖……”

结果这次又说到一半。河边的芒草长得茂盛,一丛歪歪扭扭的杂树立在那边。正当众人猫着腰经过田地中间的时候,大概是因为呼吸了田间的水雾,宰八忽然打了一个喷嚏。

“阿嚏!”

他全身打了个寒战,站住了。

“最近没有刮风,看这蜘蛛网结的。仁右卫门,我说你,打头阵,都不在乎吗?”

“蜘蛛网？何止蜘蛛网啊。连树皮上挂着的土蜘蛛[1]我都徒手抓过。”

“哎呀！”

“传说中七天不刮风，就把全世界的人都抓来吃干净。我抓了半天，就变成这样了。”

他像是自己撬开自己握紧的拳头一样松开了手。宰八哆哆嗦嗦地探头看了一眼。

“原来是螃蟹。”

仁右卫门咕咚一声把螃蟹扔进了水里。

老师在他身后把手杖舞得像水车一样。

“俗话说：‘到手的大蛇跑了。’”老师一下子来了兴致，高声说道，“在大蛇的必经之路上，看到了一条大蛇正横在路中间，正要马上挥剑去砍，却发现是一棵老松的影子。”

“你安静点儿，已经快到了。”仁右卫门拦住了他。

“那你倒是说说，手鞠最后去哪儿了啊？别吊人胃口。”

“哦，那个啊。长话短说，按他的长相，就算妖……妖怪，嗯，那个……就算妖怪去舔了他的脸，我想，也不会在脑袋上撒盐吃掉吧，所以就带他去了黑门那里。仁右卫门你也知

---

①日本传说中的妖怪，鬼面、虎身、蜘蛛腿，居住在山中，用蜘蛛丝抓旅行者吃。

道——今天我家老太婆招待了一位和尚住在这里,所以我今天从本宅运了两趟铺盖行李来这边。”

二十

“那个年轻书生说要住下的时候,住在本宅的大老爷高兴极了,说:‘他喝酒吗? 总之,先把晚饭放在木盒里,夜里再烤些年糕饼当茶点,顺便泡些茶放在陶瓷茶壶里给人家拿去。’

“大老爷这么吩咐,于是我就把饭盒包在包袱皮里,又背上铺盖行李,带去别墅。

“‘让您久等了……刚刚本宅那边也让我向您带好。您日常使用的物品,明天再帮您拿来。今天先带了些现成的饭菜、茶水,还有晚上休息用的铺盖。请您不用拘束,好好休息。’我去问候的时候,年轻人已经换上了浴衣[①],在烛台旁边……哎呀,我和仁右卫门去巡视的时候,门窗都紧闭着,就算是白天房间里也昏暗得很,为了保险起见安放了一个烛台在那里……带他进宅子的时候,天已经擦黑了,就把烛火点上。你们听我说,当时他盘腿坐在烛台旁边,两只胳膊抱在胸前。

①和服中的便衣,多为棉质,轻便舒适,可不穿戴配饰、内衣,直接穿着。相对于正装,多用于居家放松之时。

“我觉得奇怪,就上前去打听:‘您这是怎么了?’

“就是这样!”

宰八忽然提高了嗓门。

“嘿！你吓人不吓人!”老师吓得退了一步。

宰八也不管他,继续说:“他说手鞠不见了。年轻人说:‘刚才我确实把手鞠放在这儿了,结果一转眼就不见了。’

“你看,这马上就出蹊跷事儿了。吓得我的腰都闪了一下,勉强抓住了边上的缘廊。——我问他手鞠是怎么消失的。

“‘咚,咚,咚的,好像是有什么很大的东西撞上屋顶,一共响了三声……不知道是不是大块的石头落了下来,我吓了一跳,抬头看天花板,然后就从那边……’他说道。仁右卫门,那个……啊,就是西边的厕所前面的榻榻米的边上。上次大扫除后检查屋顶的时候①,警察架上梯子,手里拿着瓦斯洋灯去看天花板上面。就在他刚钻进去的时候,插在腰间的弯刀倒了过来,刀从刀鞘里滑落出来,正好掉到站在梯子下面的乌冬店老板脸上,把他的鼻子削掉了。就是现在天花板缺了一块的地方。

“就是从那里,一只三花猫大头朝下地跳下来。那只猫

①日本当时法律规定所有居民必须每年进行大扫除,大扫除后由公职人员检查卫生,并颁发合格证明。该法律后来废除。

的毛色和河里的尸体是一样的。‘我还奇怪这是怎么回事呢，那只猫就跑到了缘廊上……’年轻的客人说道，我不禁朝旁边退了一步。

“‘我赶忙走出房门看它，它从缘廊跳下来，躲进院子的草丛里。就是这个时候，我放在壁龛里的那个手鞠就不见了。’他是这么说的。”

“谁知道是消失了还是弄丢了啊。”

“正因为不知道，这事儿才蹊跷呢。”

“有什么蹊跷的。有学校的地方，怎么可能发生蹊跷的事儿呢？”

“但是，那你说，那只猫呢？”

“谁知道那是猫啊，还是黄鼠狼啊，或者是老鼠啊。森林里什么没有，没准儿还是兔子呢。”

“什么叫‘没准儿’啊，你不是也不知道吗？”

“所以，今晚我才跟你们一起去，看看到底是怎么回事。”

“是，那就请您多帮忙啦。以前也有其他村里人这么说着，一起去看了，哎，你说是吧，仁右卫门？”

仁右卫门没吱声。

“结果到那里就吓晕了。”

“混蛋。”老师有些生气地小声嘟囔着。

不服输的宰八顶着那两只红色的“螃蟹钳子”说：“你今

天晚上跟来，人这么多，有混蛋，还有仁右卫门，还有和尚，也真是够胆大的。以前都没听你提过想去看呢。”

“当然了。总不能放着学校的工作不管，来干这么无聊的事情。是因为放假才有时间来，就当顺便运动了。”

“哼，像你这种人，只是榻榻米翘个边就能把你吓得跳起来吧？”

“什么！”

“就算我胆小如鼠，对这种事我还是习惯了的。就当是在坐船，使劲儿忍着撑过去。而你又为什么，为什么……”

“宰八啊，”仁右卫门阴沉地叹了口气说，“你犯不着什么事都站在那边，去给那些不明不白的东西帮腔。就算不这样，我也感觉像是要被什么沉重的东西压垮了似的啊。”

黑门的石基周围萦绕着雾霭，像要将这个世界和另一个世界分裂开来。森林脚下的黑暗，像是被雾霭吸引着一样，从黑门里流淌出来。众人踩在伸手不见五指的草地上，被包裹进密林中。就在这时，仁右卫门“啊！”地叫了一声。

二十一

“第一个晚上，除了手鞠不知所终以外，还有没有其他的怪事发生呢？”

旅途中的僧人小次郎法师把法衣的袖子拢到一起。

打开纸拉门，和法师面对面坐在缘廊边的是一个年轻人，也就是黑门的住客。

这里的纸拉门比一般的纸拉门都宽了不少，天花板很高，需要抬头才能看到。虽然天花板上没有带血的脚印，但已经十分老旧，如果房顶漏雨，那滴下来的水一定和墨汁一样黑。和大寺庙的墙壁一样，水痕就像在天花板上画了一幅画像。画中人的衣袖随风飘起，拂在挂着煤灰的墙上，看起来像是要从墙面上浮现出来，头上还戴了一个包子似的斗笠。虽然头上看不出口鼻的形状，但那个斗笠的位置在拉门上面的门框边，因此看起来就像画中人正在从天花板上俯瞰屋里一样。这个情景，让人不禁觉得漏雨漏得太让人心寒，如果墙壁有心的话，一定是墙壁'要是有一顶斗笠就好了'的心思以这种形式体现了出来——那妖怪巨大无比，就像这个宅子的主人一样。树木的影子在月光中像鱼鳞一样落在宽宽的缘廊边，门框旁相向而坐的法师和年轻学生两个人的身影，像纸牌上的画面一样，投映在纸拉门上。

年轻的黑门住客在熄了火的烟箱[①]上面擦着了火柴，一边吸气，一边静静地点着了烟斗。屋子里黑得连烟斗的火光都能让长长的眉毛凸显在他白皙的脸上。——屋子里，只有

①日本传统烟具之一，备有点燃烟斗的火盆和烟灰盒等。

一盏灯笼。

“在那之前也有过。但要是我说出来,会让大家不舒服,其实我都没告诉那个叫宰八的,那个老大爷……”

“噢,就是那个胳膊……有残疾的人。”

“没错。我还没有跟那个大爷说过。那件事,发生在猫和手鞠一起消失之前。

“我来到这座老宅,坐在这里,宰八大爷说要去跟本宅的人说一声,然后就走了。黄昏时分,这里只有我一个人。如果这里是旅店,就算接下来会有女佣来带我去温泉,泡过温泉之后把料理送到房间里来,吃过饭,铺上铺盖,然后睡觉,终究也不过是旅途中暂住的地方,人心里是静不下来的……所以那时,我连本宅的人肯不肯让我住这里都不知道,连我依靠的老大爷,也不过是在旅途中萍水相逢、初次见面的人。虽说是我自愿的,但要说现在这个宅子,这儿的榻榻米铺得——其中似乎有不少缘由。

“光是这房子的结构,就让人弄不懂。我站在屋子正中间四处张望,刚刚从哪儿进来的都不知道了。

“说得夸张点儿,万一真到了紧要关头,都不知道从哪儿逃。现在还是夏天,草木什么的都还有颜色。但这日头一落山啊……我刚跨过黑门的时候,天气还是好好的呢。没想到一进屋子,忽然哗啦一声,还以为是下雨了呢,仔细一看才知道，原来是这一带的毛榉树的树叶全都落到了屋顶。虽然心里知道，但还是放不下心，忍不住时不时从缘廊探出头来，朝外面的树丛看过去。”

年轻客人的肩膀无力地垂着，抬起头，又朝屋檐外面的天空看去。

“不过，天还是晴的……就像今晚一样。”

“那然后呢？”

法师就像祖先第一次见到富士山一样，抬起头看着高高的天花板。

“传来的哗啦哗啦的声音，是落叶的声音吗？”

“您看，天气晴得能看到满天繁星呢。”

“原来如此。每当传来哗啦哗啦的声音，背后都觉得一凉。总觉得像淋雨了一样。”

“要是觉得冷，就把拉门关上吧。”

“不用，宝井其角曾借苏东坡的‘春宵一刻值千金’咏过俳句‘夏月一轮值千金’。夏夜的凉意想必是千金不换的。而且开着门窗，让外面有些温度的空气进来，反而更好。”

法师看了看年轻住客，说：“不过，那时您心里真的是很没底吧？”

“实际上，法师您听我说，那时候我真的从心里感受到，自己是不远千里来到了异乡。白天走在三崎街道上的时候，心里并不是没有‘路的尽头是故乡’的想法。但是，偏偏是这个时间来到了这里，当走进这个宅子的时候，我忽然感觉故乡离我远去了。”

“方便的话，能不能打听一下您的故乡是哪儿？”

“我出生在福冈一个叫小仓[①]的地方……敝姓叶越。”

原来，叶越是他的姓，他的名字叫明。

“哎呀，那真是太远了。”

法师重新打量了一下年轻的住客，这时法师不知为何，感觉自己仿佛是在遥望大海的对面。年轻人在旅途中的憔悴若有若无地从袖子上的横纹中透了出来。

“那法师您呢？”

“看我，都忘了自我介绍了。我住在信州国[②]叫松本的地方。是个彻头彻尾在山里长大的人。”

“那咱们两个人一山一海，都能讲山和海的故事了。”

叶越明十分温柔，讨人喜欢。

二十二

法师殷勤地说：“缘分真不可思议，能在这里认识您这样

---

①从故事发生地神奈川县到福冈县距离约 1000 公里。

②现长野县，多山，地形险峻。距离故事发生地神奈川县约 250 公里。

的人物，真是太高兴了。我只是听您讲话就满足了，不敢奢求和您对话。但是，能听您讲述，对我来说真是一件快乐的事情。”

叶越明低着头，整理了一下消瘦的下巴下面的领子。

“都是些很不着边儿的话，在您面前讲出来，实在是羞愧难当。”

“哪里哪里。听茶屋的老婆婆讲，嗯，这座宅子似乎有什么东西——她还托我来超度一下那些游荡此地无法成佛的年轻的灵魂。她同时也说到了您：‘他态度十分坚决，一直在坚持、忍耐，但大概因为怪事接连不断，脸色越来越不好。’

“然后您不是还说：‘都是院子里的柿子树的阔叶反射光线，所以看起来有些苍白。请您别在意。’您身体看起来也不太好，所以那对老夫妇更加担心了。

“他们还认真地叮嘱我说：‘白天宰八还有村里的人经常去那里探视，最近他们都怕了，去得越来越少了。所以您也去看望一下他。’但是，我听说好像您刚住进来的时候，好几个血气方刚的村里人忽然来了劲儿，三五成群的，晚上带来夜宵，带着一升[①]的酒坛子来，彻夜地来陪您说话。不过没过几

①日本传统度量单位，江户时代统一度量衡后，1 升约合现代的 1800 毫升。

天，越来越不太平，他们拿来的东西，就从料理变成了砍刀、火枪。还有学过些本事的拿来油炸的老鼠，做成陷阱，放在院子的树丛里，一边咕咚咕咚喝着酒，一边点灯熬油地等着猎物上钩。

“我是听茶屋的婆婆这么说的。”

“我喝不了酒，不能陪他们尽兴。所以，我常常在蚊帐里面看着他们围成一圈坐着喝酒，便进入梦乡。那时候真是热闹。

“那段时间确实一天到晚总有三四个人过来，大概持续了十来天。不过，最近完全没有人过来了呢。”

“婆婆也是这么说的。不过，村人轮番过来的那段时间，有没有发生过什么怪……”

法师说了一半忽然一回头。隔壁房间之间的纸拉门中，只有两扇像山峰一样耸立在灯笼旁边，而灯光完全照不到邻接的其他拉门。

法师本来有些犹豫，欲言又止。但似乎又下了决心，挺起了脖子，有些僵硬地又面向叶越明说：“听说那些蹊跷事儿也是手段翻新、层出不穷地来吓唬大家。好像说什么榻榻米明明没人去动，它自己就从地板上凸起来了什么的。这是真的吗？”

“是啊。刚刚我说的难以启齿、很不着边际的事情，就是指这个。”

“哈哈。”

法师轻松地笑了出来。

“我刚才就猜到了。难道这些真的是村民们胡乱编出来的故事,都是一派胡言吗?”

“不是,那是真事。榻榻米真的会凸出来。现在也随时可能凸出来啊。”

“什么！这……”

法师吓了一跳,手从膝盖上滑了下来,他赶紧按了按周围的榻榻米。但是,榻榻米铺设得十分坚牢,连一片手指甲都插不进去。

“这样的榻榻米会动?”

“不是都跟您说了,是很不着边儿的事情嘛。”

年轻的住客静静地说道。沉默在两人之间流淌。过了一小会儿,法师眨了眨眼说:“不,我觉得也不是那么不着边儿的事情。那榻榻米凸出来之后,坐在上面的人会怎样呢?”

“只要别乱动,静静地坐着,就什么事都不会有。不过,就算动几下,只要不大头朝下玩倒立,倒也不会把你掀个人仰马翻。”

“没错,如果倒立的话,确实会被顶飞到缘廊下面去。”

“当然。如果真有这么一天,那就非要在脚底下涂上胶水,把脚粘在榻榻米上才可以。我对村里人说,什么事情都不会有,叫他们不要惊慌,但他们不听。

"您看这里的缝隙……"

说着,年轻的住客将手按在榻榻米上,手掌轻轻划过缝隙。

"一开始,是边缘变成长长的三角形,或是小小的四角形,吱吱呀呀地合上,或是咔啦咔啦地分离开,速度快得像闪电一样。

"村里那些人要么是'哇'的一声跳到一边,要么是'嘿'的一声手脚并用,握着拳按住凸起来的榻榻米。还有人也不管是三宝火筷还是吹火的竹筒,抄起手边的东西就挥舞起来——不过,肯定有那么一两个人,直接就从缘廊溜之大吉了。"

二十三

"'稀里哗啦''丁零咣当',简直是要闹翻天了。他们越闹越厉害,就看见榻榻米慢慢地慢慢地慢慢地鼓起来,每两个角都'咚！咚！'的,像下面有人在往上用拳头捶一样,四个角都在往上浮。这个房间一共有十块榻榻米,所以一共就有十处。村民们看到这个光景,你一言我一语地说什么'你看全是头发！''哎呀,是女人的胳膊啊！'那块榻榻米的边缘,都快翻过来了，看得人头晕眼花。

“周围一片这个样子，大家一下都蒙了，自己踢翻茶碗的，踹倒酒坛的，还有喊‘海啸来啦！’的。

“因为都乱成这样了，一不注意就可能受伤。某人不小心踩到什么东西割破了皮，周围一片混乱，他本人还以为是一条腿被砍断了，倒在那里起不来。一个人，说自己是渔民，特意从山对面赶到海边来，还说什么有驱邪的办法，把魔鬼鱼的毒针包在手帕里，像头巾一样系在脑袋后边，来的时候可神气了，结果踩到了打碎的酒杯，说‘疼死了！这一定是恶灵作祟！’被人背着回去了。

“屋里闹成这样，灯火实在很危险，每当他们开始闹的时候我就跑到一边按住洋灯。

“我之所以说榻榻米没有翻动到坐着的人会摔倒的地步，证据就是我手里按着的洋灯，就算榻榻米上下翻动，也十分稳固，没有翻倒。

“不过，也出过洋灯自己开始在原地来回打转的事情。刚开始只有灯罩，但后来整个洋灯都开始像风车一样转来转去。明明整个灯都在转，但位置却一动不动。我正觉得奇怪呢，火苗忽然变成一个圆球，眼看着火苗就变成了白色，没一会儿又开始变得有些发绿。火苗烧得又旺又稳，连抖都不抖，真是没有比这更让人觉得别扭的光了。

“在这光的照射下，手什么的，就像是伸进了水里。一条条绿白相间的光带歪歪扭扭地映在手上，在场的人，脸一个个都跟长了鼻子眼睛的熟透的甜瓜一样，蜡黄蜡黄的。大家相互对视，大气都不敢喘。紧接着灯里的火苗忽忽悠悠地飘了出来，落在了当晚的老大——那个最爱逞强的男的——的膝盖上。

“所有人都吓得‘哇’的一声，周围一片漆黑，我提醒说：‘大家别慌，小心受伤。’结果这时候也不知道是谁一边喊着‘是猫怪！拍死它！’一边从院子里一溜烟地逃走了。屋子里有人大吼了一声：‘畜生！’您听听，是不是很危险？

“这时周围忽然一下子亮了起来，我一看洋灯又恢复了原样。刚刚膝盖着火的那个人——虽然他年纪也不小了——听说以前在海军当过兵，他来之前就准备了一把以前在军队用的非常锋利的匕首，然后我眼看着他用匕首从上到下刺穿了洋灯。”

“哎呀，这可真是闯大祸了啊。”

“我当时也这么想。他这一刺可刺穿了灯下面的油壶，不到一眨眼的工夫，里面的灯油呼啦一下子就漏了一地，足足让人愁了两天。

“洋灯一下就碎掉了，所以他只受了点儿轻伤。不幸中的万幸，灯里的火苗在灯碎掉的同时就灭了，没有出大事。大家点上了自己带来以防万一的蜡烛，开始收拾残局。这时更奇怪的事情发生了。刚才他刺灯受伤的时候，掉落在地面的匕首，连影子都不见了。

“这下大家都吓了一跳。传说蜥蜴尾巴断了，如果掉进茶缸里就会作祟。但是，这次丢的是匕首，比蜥蜴尾巴还要让人不安。大家你一言我一语，‘是不是在谁的衣襟里呢？’‘让你一说我衣服里面都觉得别扭了。’‘是不是插进谁的兜裆布里了？’‘让人家听了下面一凉啊！’之类的，‘袖口？’‘衣角？’什么的，站也不是，坐也不是，折腾个没完。

“就是在这间屋子，上次大扫除后检查，警察架上梯子去看天花板上面的时候，腰间的弯刀也不知道是不是刀鞘松掉了，整个刀身滑落下来，砍了下面的人。

“众人之中，一个爱喝酒的上了年纪的老人苦着脸说：‘这丢的不是别的，而是带刃的东西。太危险了，都给我好好找。连用缝衣针的时候，开始和结束的时候还都要清点一次数目，但就算这样也经常弄丢。掉进榻榻米的缝隙里的缝衣针会落入地狱，变成地狱里针山上的草。凡是干了坏事的人，都变成恶鬼，下地狱挨针扎。为了超度这些恶鬼，每年六月一日都是冰窖朔日[1],需要两个年轻的女孩子玩过家家,用小锅做了饭,还要去伺候客人。但是这时谁都不知道银闪闪的匕首跑去了缘廊下面,还是天花板,还是横梁上。这事决不能就这样算了,就算一夜不睡觉,也得找出来。'他话音一落,所有人都站起来了。

"这种事情,让我也特别不舒服。"

法师也顾不上应声了,仿佛用眼神在应声,用眼神在点头一样。

二十四

"光是洋灯转圈这一件事,就把所有人吓破了胆。大家赖以依靠的豪杰又受了伤,被刚才老人的话一激,心里更不舒服。眨眼之间夜更深了。

"那把消失的匕首,不知道何时会从什么方向飞来。不知道是谋划这些怪事的人饶了我们一命,还是说其中谁都没犯死罪,到目前为止众人的性命勉强都还在。但受伤的人已经有好几个了。

"虽然要找回匕首,但这里有五个人,烛台却只有一个。

①冰窖朔日,每年阴历六月一日,宫中都会打开冰窖享用冰块乘凉,民间则习惯将晾干的硬年糕炒着吃,称为"练牙"。

就算蜡烛还有剩余,但如果一口气同时点着,恐怕撑不到第二天早晨,因此没办法分头去找。

“事情一旦如此,谁都不愿意站在队伍前面。所以只好我带头,让他们排成一排跟在后面。那天有一个鹤谷家的檀那寺里地位最低的和尚,说是领悟了禅宗,刚入夜的时候还说:‘怪物都给我出来,看我一下就把你们都打退!’十分威风。他应该和您是同行吧?”

“不,我们宗派不同。”

“我们这么多人,还带着一个和尚,沿着从拐角到尽头的厕所之间的缘廊绕了一圈,打开缘廊外侧的防雨板,查看了垫脚石周围、缘廊的地板下面,然后为了保险起见,原路返回又看了一遍。之后连厕所都搜了,结果不但没有闪闪放光的东西,就连洋灯罩的碎片都没找到。

“‘那咱们搜搜隔壁屋?’……”

年轻住客回头,指了指那扇巨大的拉门。

“其他人都这么说,但我制止了他们。

“‘我在这儿借住,哪怕只借我一间屋子,都太过宽广了,所以来这里之后隔壁的屋子我一次都没看过。这种时候,不能打开隔壁的房门。从缘廊到厕所,从入夜到现在,多多少少总会有人经过。在咱们最惊慌失措的时候,没准儿是不经意之间,匕首挂在了谁的身上,被他带了出去,掉在外面,又回到我们之中。刚刚我们为了保险起见,才四处寻找。假如匕首真的在没人去过的隔壁房间,那就说明是被故意藏在里面的,就算我们进去找,只要对方想做,是完全可以伤害我们,甚至让我们受伤的。反过来,如果匕首在隔壁房间也没找到,我们还是一样会担惊受怕。如果连壁橱、柜子、天花板上面、地板下面全都要搜一遍,要想把这座大宅的角角落落都找一遍的话,恐怕几十个人也干不完。我认为,只在有人经过的、有可能找到的地方搜一遍就可以结束了。'

"我说完之后,众人也都同意:'这话没错。如果真的有魔物,根本不知道它会藏在哪里。'

"虽然我承认这是人类无论如何都做不到的事,就放弃了,但危险的状况依旧没有改变。匕首随时都有可能朝我们飞来。这时大家都异口同声地说:'我们找一些能当盾牌的东西吧。'结果,我们总共六个人,蜷缩着身子,挤进了蚊帐里。

"我们心中十分不安,就像等着受刑的犯人一样。但是,也不能因此就在夜间跑出去。有人怕得全身发抖,有的人匍匐在地上,还有一个人睡着了,其实睡着才是最好不过的。那个和尚的嘴里,一直嘟嘟囔囔地念着什么。

"在蚊子的嗡嗡声中听着他那舌头都快打结了的让人心里没底的声音,我开始有些瞌睡了。就在这时,忽然有人把我摇醒。

“‘听见了吗?’他问。

“‘你听,是不是有人说“在这儿呢,在这儿呢”?’他嘴贴着我的耳朵轻语。然后,他又一个接一个地,对着其他人也说了一遍。

“他们纷纷小声说:‘嘿,这是不是在提醒我们,丢了的东西在这儿呢?’‘真的吗?’

“我侧耳倾听,听起来像是来自蚊帐外面的纸拉门,但又像是缘廊的防雨板,也有可能是这间屋和隔壁之间的拉门旁边……或者是柱子底下。这时忽然传来了‘咔嗒咔嗒’‘咔嗒咔嗒’的响声,听起来既像是米虱的声音,又像是墙板里藏着的蝙蝠的声音,还有可能是缘廊地板下面咕嘎咕嘎叫的蟾蜍。大师您想象一下,如果听的人有心,听起来还真有些像是‘在这儿,在这儿’或者说‘来这儿’。

“毕竟是自己丢的东西,手上缠了绷带的海军首先出了蚊帐。

“‘对方是想着还给我们,所以才告诉我们东西在哪里。不会有危险的。’和尚爬出蚊帐,把耳朵贴在地板上用心地听着,又看了一眼海军。海军则双手抱在胸前,站在房间正中央,正用心地听着,还不住点头。嗯,就在你身后……”

“什么!”

法师向后退了一步，转过头去朝自己身后看去。

“原来如此。

“打开朝北的第四扇靠墙角的拉门，那把匕首，不是刀把儿卡在拉门的凹槽里，刀尖靠在柱子上呢嘛。”

二十五

“自那次之后，为了避免危险，我们约定一律禁止把刃器带进来。

“来玩当然可以，晚上来守夜我更欢迎。要是能顺便捉一捉这里的狐狸和貉子就更好了。但不光是小刀、匕首、菜刀这类刃器，长枪、火枪这类武器我也一律谢绝。

“我这趟长途旅行，原本就计划去一些不太平的地方。所以，就算我已经想好真正遇到危险的时候随时准备五体投地下跪求饶，但身上还是带了一把母亲留给我的短刀①。特别是翻山越岭的时候，太阳下山之后，心里还是很有依靠的。不过为了安全，我还是用桐油纸把它包好，牢牢地系在包袱皮系扣的地方。”

“您这样做，那个……是怕刀自己跳出来吗？”

---

①短刀通常指长度一尺（33.3 厘米）以下，护身用的日本刀。和一般西洋式匕首不同的是，短刀通常为单刃，且没有护手部分。

“不,倒是不用担心这点。听说就算小偷也不会打开有封印的东西。而且,大家为了击退怪物拿来的那些刃器,只要没人拔出来,是不会有事的。而且您听我说,上次乱了阵脚的时候,最让人担心的是那盏洋灯。我跟宰八大爷说了之后,让他帮我换成了灯笼。”

“那,换成灯笼之后就什么事情都没有了吗?”

“不,灯笼也会飘起来。”

“那个,您说的飘起来,是说会飘到空中吗?”

这时,叶越明手掌朝下扣在灯盘[①]处的手分割着灯光,看起来十分白皙。

“是的,忽忽悠悠地飘起来,离开榻榻米。”

“哈哈。”

法师干笑着,有些担心地看着在叶越明的手留下的阴影里,灯光有没有变暗。

“而且,如果用手去按住灯笼,不让它动,反而会打翻灯盘,洒出灯油来,或者灯架整个儿翻倒在地。但是,只要你不去管它,天亮之前,它就会重新落下来回到原地。有一次,灯笼都跑到天花板上了。”

---

①供室内使用的日式灯笼,其典型构造分为灯罩和油灯两部分。灯罩有木质四方形骨架,其上糊着纸。油灯为陶或石质的灯盘,里面盛菜籽油或鱼油,搭配灯芯燃烧。

“天……天花板?”

“是的。灯下面挂着蚊帐,尽管我知道不去管它比较好,但还是忍不住,急忙起身,隔着蚊帐抓住了忽忽悠悠飘着的灯笼的底座。谁知道我刚一碰灯笼,它就像是有人从上面拉了一把似的,越过了门框,哧溜一下穿过天花板,然后落在了天花板上面。我眼前看到了天花板上面成堆成堆的老鼠屎似的灰尘,还能看到直通高高的房顶的房梁和柱子。

“真奇怪啊。既然能看到房顶,难道是天花板消失了吗?但忽然我又意识到,天花板的框架安然无恙,连松都没松,天花板怎么会消失。

“不然就是天花板变透明了? 但这也太不合常理了。

“然而等我回过神来,一切都恢复正常了。灯笼也在我傍晚摆放的位置。灯罩上糊的和纸也模模糊糊地有些发白,是因为防雨板外面已经接近破晓时分。”

“那晚就您一个人?”

“只有我一个人。这是前天晚上的事情了。”

“前天晚上?”法师不禁一愣,说,“那,自从那天晚上闹了蹊跷之事之后,那些晚上来守夜的人,不是都不敢来了吗?”

“您让我想想。那个,因为西瓜闹出蹊跷事儿的那个晚上,应该是在那之后吧。

“实在是一件不足挂齿的事情,但着实让人头疼。……

“如果我没记错，那天晚上来了三个年轻人，还是带着酒来的。他们准备得还很周到，所以一到晚上，就不是一边吃烤鱿鱼一边大碗喝酒这么简单了。

“他们说是这么热的天，鱼一晚上就臭了，于是就准备了竹叶包着的烤鱼糕。

“我也吃了一些，真是太美味了。”

年轻的住客镇定、悠然地说道。

“傍晚时分，一切都平安无事。我们喝酒喝得正舒服，天南海北地聊着，说什么‘这儿怎么连一只蚂蚱都没有，连蚊子都没有呢。是不是都被那怪物捉去吃了啊？那怪物吃得也够寒酸呢。’‘不不，你看在海里，体形越大，吃的反而越小。你看看鲸鱼，人家吃的是偏口鱼。’一个个都高谈阔论，好不神气。没多久，酒喝完了，夜也更深了。

“‘喝过酒之后，一般都喝茶来醒酒。但喝茶太没意思了，容易给怪物钻了空子。其他适合用来醒酒的，还有——’说着，他们从缘廊的地板下面拿出来一个西瓜。他们说，是来这里的路上，从路边的西瓜地里偷的。——你说，他们这样干缺德的事儿，不是更会给怪物钻空子吗？”

二十六

“接着，一个体格跟相扑运动员似的、全身都是肌肉的年轻人说：‘给你们露上一手！别管是狐狸还是貉子，看我一下就——’估计他也知道不能带刃器过来，所以他也没拿水果刀什么的。他握着拳头，对着西瓜就是一拳。

“但他这一手露得实在不是地方。

“他就在头一天晚上‘咯咯咯咯’地响着的，我们找到匕首的那个地方，把西瓜固定在门槛和门柱的夹角里，高高地抡起胳膊。

“就听‘噗’的一声，紧接着，一阵十分巨大、像是二三十个石油罐撞在一起一样的轰鸣，从厨房那边传来。

“事情实在是太突然了，随即有人喊道：‘来！放马过来！’等着怪物上门。也有人一下子吓丢了魂魄。然后西瓜竟然飞了——那个西瓜弹起来，‘咚’的一声撞在了年轻人胸口。

“那个男的四脚朝天地躺在那里。然而这才是混乱的开始。

“周围的人也是，‘都飞过肩膀了。’‘哇，盖在脚面上了。’‘哇啊啊！裤脚上都是！’‘看起来像火球啊。’‘是班长的脑袋。’‘是入道的脑袋。’‘不，是被砍下来的女人的脑袋啊。’净说些不正经的。如果是瓠子花菇且还说得过去，这西瓜跟女人的脑袋有什么关系啊。

“也不知道他们是在追着还是逃着，乱成一团。正在他们上蹿下跳的时候，忽然传来了‘咚咚咚咚’几声响声，仿佛有什么东西在从下往上顶天花板一样。紧接着，大梁咔啦咔啦地响起来，拉门也响了起来。大家都喊：‘是地震！’然后趴在地上。但紧接着就安静了下来，周围恢复了平静，连风声都消失了。

“等我们回过神来，一轮明亮的圆月从长在屋顶的杂草的叶子和叶子之间探出头来。——发光的竟然是刚刚的西瓜。

“我们头顶是郁郁葱葱的森林，灯笼在刚刚的混乱中已经倒在地上灭掉了。我们就像是蜷缩在一个又深又窄的谷底进退不得，只能抬头望着月亮挂在两边高高的悬崖峭壁之上。哦，对了，我看到藤蔓似的东西，爬上毛榉树的枝头，像毒蛇一样垂挂在那轮西瓜月亮上，刚在心中嘀咕了一句‘像爬墙虎的叶子一样’，就感觉整座宅子忽然像是变成了西瓜地，围满了绑着响板的绳子。

“有一个人特别激动，喊道：‘你这只可恨的天狗！’说着，就拿起晚上熏蚊子烧剩下的杉叶，扔向月亮。

“那个月亮脆得很，稀里哗啦地，像腐烂的树叶一样崩落下来，消失殆尽。紧接着，又滴滴答答地流起了汁液。那些汁液从屋顶流淌下来，沾得衣襟、肩膀上到处都是。用手摸一下感觉黏糊糊的。把手放在鼻子前面一闻，哎呀，你说说，那是一股很怪的甜味。

“那天夜里十分闷热，人浑身出汗，嘴里又渴，这时闻上一下那个味道，比起血腥味还难受。我第一个打开缘廊的拉门跑到外面，其他人也光着脚跑了出来。

“出来才发现，原来天已经亮了。我们都吓了一跳。山顶已经现出了蓝色，山脚下盖着一层白茫茫的雾气。

“本来就满心奇怪，再看到这么意外的景象，有人说：‘咱们是不是穿越到荷兰了？’还有人吼道：‘不行了，太让人别扭了，先把灯笼点上！’

“刚才西瓜所在的屋顶附近有一只乌鸦，呱呱地叫着。夏天短暂的凌晨时分，宽缘廊上落满了数量惊人的褐色和黑色的松虫还有蟋蟀，乌泱乌泱地蠕动着，忽然哗的一下冲上纸拉门，转眼间消失得无影无踪。他们都说这些是‘西瓜子变的’。

“宿醉的他们都一摇三晃、神志恍惚地出了黑门，沿着河回家了。

“听说他们途中过桥的时候，看到一个绿油油的西瓜咕咚咕咚地撞着桥墩在水面漂着，一个个吓得一溜烟地逃走了。

“正午过后，宰八过来，我把昨晚的事情讲给他听了。

“我沉沉地一直睡到了中午。

“接下来还有蹊跷事儿呢。大爷说：‘给你煮一壶茶，醒醒脑。'对我照顾得无微不至，一杯煎得火候刚刚好的茶端了上来，不巧的是他没偷西瓜来，没有什么配茶的点心。我心里想，'难道就没有什么可吃的吗？'然后忽然想起来——厨房有米糠腌菜[1]。宰八大爷说：'这是我们家自己做的，每次都拿腌菜过来太麻烦了。'所以就连家里的腌菜桶一起运了过来，时不时还为我放些菜进去。

"我一个人根本吃不过来，所以里面的蔬菜经常腌过了头。但是，腌菜其实并不怎么费事，所以我就把茄子连把儿一起塞了进去。我想起来，那些茄子应该已经差不多到时候了，就来到了厨房。

"'客人啊。'

"'什么事？'

"'刚才您说，昨晚厨房传出了很大的声音。但看上去，这儿什么事都没有啊。'

"大爷一边说着，一边从腌菜桶里拿出了整整五个茄子。

"茄子腌得正好，翠绿里带着些蓝紫。"

二十七

"屋外摇曳的绿叶将影子映进屋里。影子下面，白色的

---

①日本一种独特的腌菜。用乳酸菌将米糠发酵后，再将蔬菜放入其中腌制而成。

濑户小瓷碗里面盛的茄子，也像是盛在了青瓷的点心盘里，令人心情十分舒畅。

“但是，当用筷子夹住那只茄子皮比较薄的肚子附近时，忽然传出了‘咕’‘咕’的声音，紧接着又发出‘咕’的一声之后，又接连发出了‘咕咕’‘咕咕’的响声。

“宰八一脸疑惑地问：‘客人，您听到了吗？’

“‘是啊，茄子在叫呢。’

“‘好家伙，这回又出来蹊跷事儿了。’

“宰八大爷用他那刀豆似的粗壮的手指轻按了一下那茄子，‘咕咕咕’。然后换了别的茄子，结果也是‘咕咕’。

“这叫的，简直就像茄子懂事似的。朝上立着的茄子把儿，看起来就像头顶长的一只角一样。

“我心想，趁着还没出更奇怪的事儿，赶紧吃了吧。就咬了一口。”

“您吃了？”

法师十分诧异。

“您胆子真大。”

“没什么，茄子怎么会叫呢？因为多半是听见叫声的人的耳朵听到响声，才觉得叫的是茄子。什么事都没有的。

“但大爷还是一脸不乐意地说：‘我年轻的时候，也吃过很多不得了的东西。去给别人家的葬礼帮忙，用换来的钱买

酒喝，现在有时也会吃死狗。但真看不惯会叫的茄子。'

“要说蹊跷，这事儿的确蹊跷。但就算同样是蹊跷事情叫人堵心，我反倒十分庆幸蹊跷的是这么小不丁点儿的茄子。”

“是因为蹊跷的是茄子就不可怕了吗？就算蹊跷的是茄子，但幕后还是有更加蹊跷的东西才对吧？”

叶越明低着头微笑了一下。他的微笑并没有什么太深的含义。

“这些都是白天的事情吧？”

“是的，都是午后的事情。”

“大白天的就是这个样子，真是不得了。”

法师声音小得几乎是在嘟囔。

“那与昨天夜里相比更……”

法师皱着眉问道。

“是啊，夜里可厉害了。反正，夜里是别想睡了。”

“怪不得您看着那么憔悴。您脸色真是太不好了。

“茶屋的婆婆说的就是这一点。

“就是因为您刚刚讲的这样那样的怪事，茶屋的婆婆才说：‘村里的人都不去了，晚上连老头子都不敢去，也不知道那位年轻住客是个什么样子，所以您去超度附在那所宅子上的灵魂的同时，顺便去看望一下他。’所以，我才会冒昧前来。

不过听您所讲，真是太令人惊讶了。

“或许我也会见识到很蹊跷的事情，但真心希望还是不要比刚刚您说的茄子会叫出声更加蹊跷了。

“我四处漂泊四海为家，心想在这里借宿一晚才来到这里，实在没有能够击退附着在这个宅子上的幽灵、诅咒、怪物的功德。其实，我是个连法号都没有的僧人。我曾经做了错事，为了赎罪才自行剃发出家。就连经文都不曾真正虔诚地念过一次，所以如果被您当作祈祷僧①的话，那才真是万分惭愧。像我这样的人，是否也能求您留宿一晚呢？就算已经做好了遭到拒绝的心理准备，但真要当着您的面直接说出来，还是犹豫了一刻。”

“听说，哪怕只有一个客人，鹤谷家也十分高兴。这栋宅子的主人都愿意，您还有什么好客气的呢。身边多一个人陪我，我高兴还来不及呢。”

“鹤谷家和您的一片好心真是令人感激不尽。但……那个……虽说鹤谷家是这里的主人，但实际上在这栋空宅做主的那位……怎么说好呢，那位……十分异样的……那个……这个……”

①日本佛教中，具有所属宗派的修行经历、接受秘法传授的僧人，可以进行祈祷治疗疾病、驱除恶灵等法事，称为祈祷僧。

“对我来说也是一样。的确，他可能是不想让别人住进来，才会制造各种混乱。

“但是，有一点十分不可思议，您可能也意识到了，就算发生蹊跷的事情，只要不去反抗就可以。榻榻米和洋灯都安然无恙。就算不小心点着了拉门，附近呼呼地着起了火苗，慌忙扑打的地方会破掉，急忙泼水的地方会湿掉，但什么都没做的地方，之后去看，却什么事情都没有。

“而且，可以给您居住的房间有很多。”

年轻的住客忽然想起来。

“如果您觉得和我同处一室不太方便，就请去隔壁房间住吧。我不能要求您一定要识破蹊跷事儿的真相，您是鹤谷家请来的贵客，没有必要客气的。

“不过，如果感觉拉门不顺畅，像是有什么东西在挡着似的，就请不要打开那扇拉门。刚刚我说过，反抗不太好。”

二十八

“我是万万不敢反抗的，也绝不打算对房间挑三拣四。

“就算您让我回头盯着背后的拉门看，要鼓起勇气去看也不是一件容易事。您看我，我已经紧张得全身僵硬了。

“还有一件事情需要跟您讲。其实，我走进黑门的时候，曾被野草挂住，连脚都迈不出来。

“要说为什么会这样，首先，是前厅的入口旁边，传来了‘咯吱咯吱，咚’的一声。像是一个很大的滑轮，吊着一只水桶从水井里汲水的声音。

“其实，虽说关于这栋宅子有很多说法，但无论怎样，您已经是这里的住户了，一般来说，只要有人住，那里面传来打水的声音也没什么好奇怪的。但我又隐隐约约地想起老婆婆曾经说过：‘如果是一个学生自己做饭的话，水用茶壶或者酒坛子装去就足够了。’觉得那声音听起来像极了干惯了后厨活计的女用人在打水。

“而且我似乎看到，厨房那边有一个身材高大苗条的女士，在黄昏中步伐轻快地走过。

“炭炉上，一锅炖菜正咕嘟咕嘟地开着锅，应该是晚饭的一道菜。如果这是镇里的话，一定是一幅家里人招呼‘买豆腐的——’这样忙碌的景象。

“我一时心想‘一定是茶屋的婆婆考验我’，但我站在远处，抬起斗笠朝里面看去，王瓜的藤蔓从后门的门板一直爬到房顶，看起来又的确有些像是荒了好几个月的房子。

“我心里一边想‘难道这就出来不好的东西了？’一边轻轻地走了进去。大门里的草把我的双腿划得有些痒。就看到——一到春天应该非常美丽的——遍地的紫云英的草丛中，隐隐约约地有一绺带着些鲜艳的蓝色的东西，也不知道是趴在地上，还是浮在半空。一个女士的头发，长长的头发，在脚边亮亮地发着光，简直和明月从空中照下来的树影别无二致。

“站在这种东西上面，实在太叫人恶心了。我想绕过去，但右边微微发光的影子前面，有一个东西骨碌骨碌地滚了过去，忽然一张脸出现了。我定睛一看，是一只兔子。

“但是，那像条蛇一样的发着光的影子，忽然转了个方向，又来到了我面前。兔子一边骨碌骨碌地在草地上打滚，一边朝着宅子正面的玄关去了。

“如果它跑的方向相反，朝着我这边过来，恐怕我就会怕得从进来的那扇小门退出去了。我胆子小得很，可不敢继续向里走。

“我走到玄关那里，先向里面问候了一下。

“‘宅子的主人，如果您在的话请先听我说。您也看到了，我是一个半路出家的和尚，既没有超度您成佛的本事，也没有驱赶您离开这里的法力。如果您肯现身，就请受贫僧一拜；如果您喜好遁世隐居，除了念佛我再无他言。请您开恩，容贫僧在此借住一宿。’”

——玄关前的地板非常考究，杉木地板的纹理像涟漪一样美丽。法师一边嘴里念着“南无阿弥陀佛”，一边面向玄关双手合十，摘下斗笠行了一礼。——

“然后，我就按婆婆说的，沿着破破烂烂的竹篱笆往前走，摸索着推了一下木门，结果轻轻一推就推开了。我一边不安地清着嗓子一边往前走，沿着荒芜的草坪，穿过一大片长得齐腰深的草茉莉，来到了这里。然后从缘廊进来，多有叨扰。

“那里的草茉莉花开正盛。白色的花里夹杂着几点红色。我经过的时候，都不忍心让法衣的衣袖拂过花朵，缩着身子才走过来的。但就算这样，全身也依旧留着花香，实在是让人惶恐。

“不知道那是不是原来主人种的一片花田，后来荒废了。花田里有一棵长得比人都高的白色的山百合，花朵朝下盛开着。光是这幅光景，就够让人后背发凉了。

“我做梦都没想过，无论遇到什么情况都要自己想办法挺过来。

“但是，您刚刚说的那些可怕的事情，您都撑过来了。您的胆量真是不得了。”

“不，我其实十分胆小。因为实在太胆小了，所以就顺其自然，从不抵抗，做自己所想的事情。”

“没错，就是这点。我来这里，最大的目的，就是向您请教这一点。您来这里，是为了进行什么研究吗？”

“您太抬举我了。就算我自己有一些研究，也丝毫不会想在这里做研究的。”

“那您就是有其他的……”

“是的，如果说——愿望的话，那就是我的欲望太深重了。我心中有一个愿望，所以才把自己关在这里，彻夜祈祷。”

二十九

“我的愿望，其实就跟您刚才说到一半的手鞠有关。”

“噢，您是想再看一眼那个消失的手鞠吗？”

“不，我想听孩子们玩手鞠时唱的童谣。”

年轻的住客沉浸在自己的世界里，眼神十分清澈，就像在梦中与明月相见。法师看见他清澈的眼神，刚刚心中涌起的“难道他有些不正常的愿望吗”这样的疑惑也烟消云散。法师跪坐着朝叶越明身边靠了靠。

“我朝着天空中的云朵前行，遇到海就渡海，遇到山就翻山，在沿途村镇借宿。我遍历诸国，其实，是想要把某首手鞠歌……”

“手鞠歌？……手鞠歌怎么了？”

“那段让人沉醉的手鞠歌，既是梦境，又似现实，又或是幻境……感觉仿佛眼睛看得清晰，但却无法用语言讲清——还有，既温柔，又怀旧，悲伤的，充满人情温暖的，饱含了爱情的，充盈的，还有，澄澈，清凉，但又让人打上一个寒战，心中充满苦涩。如果打个比方,那心情就像是嘴里含着澄澈、清香的母乳,出生前在母亲的肚子里,就看着母亲美丽的乳房。至于手鞠歌的歌词,我已经忘记了。我心中充满憧憬,哪怕牺牲性命,也想再次听到那首歌。"

在听叶越明讲述的这几分钟之内,小次郎法师把自出生以来听过的所有的风声、水声、钟声、音乐、人声、虫鸣声、树叶的低语、闪电的轰鸣,在心中反复地回忆着,脑海中把自己记忆中的所有经文都排列在自己的眼前,把那些经文用金色的文字誊写在深蓝色的背景上,也没有抓住丝毫线索。

"然后呢,您听过那首手鞠歌吗?"

"已经去世的母亲,在我很小的时候给我唱过。但那是我懂事之前留下的最后一段记忆,歌的内容现在已经忘记了。

"随着年龄的增长,我的感情,简直像在故事中读到的让人心痛的恋情一样,越发地想再听一遍那首手鞠歌,那个声音。

"我等不及从东京的学校毕业就回到了故乡,试着问了几个可能知道这首歌的人,但无论我问谁,他们唱的都不是我记忆中的那首歌。

"毕竟,资助我上学的姨妈——也就是母亲的姐姐——连她都不知道。

"那时候,我忽然想起来,我家镇上有三个同岁的女子。

如果生下来的是儿子，
让他上京学唱戏，
让他去寺院学写字，
寺里的和尚，
是贪图享乐的和尚，
从高高的缘廊推下去，
掉了簪子，
掉了髻芯。

“我依稀想起，那时候母亲也年轻，经常一边哄我玩，一边和她们三个玩拍手鞠的游戏，或者是打羽毛毽。一天晚上我忽然心想，如果能找到她们，肯定会有人知道的。想到这里，我抑制不住心中的喜悦，噌的一下就蹿起来，在屋子里又蹦又跳。但是，我母亲还活着的时候，她们中的一个人就在一个女儿节的晚上死去了。这件事我也知道。

“听说，另一个人也不知道去了哪里。

“最后一个人，我费了很大力气才打听到，她嫁给了县上一个学校的校长。总算掌握了这些线索之后，我马上就去找她打听。那是一个月影朦胧的晚上，一个郊区的有很多武家宅院的小村。一条小河的岸边，都是木板搭的围墙。河边零零散散地分布着一些古老的宅子，宅院里有着同样古老的红梅，盛开的红梅缀满枝头。

“刚刚您说过，在来这儿的路上看到了‘兔子穿过草茉莉’吧？”

“不，您的话正说到关键时候，怎么能把我的那些无聊的事情穿插进来呢？虽然我觉得那是兔子，但兔子应该不会来这种地方的。或许……是猫之类的动物。”

“这座宅子的后身紧挨着山，的确有时能看到兔子的身影。您看到的应该就是兔子。

“这件事先说到这里。我之所以提到兔子，是因为我遇到了类似的事情。我去那个有很多武家宅院的小村的时候，遇到了一只小狗。还记得它脖子上系着一只铃铛，全身雪白。见到我，它骨碌一下就肚皮朝上躺在了地上，一边在我脚边哧溜哧溜地转，一边在地上打滚。我仿佛是在梦境之中一样，跟着那只小狗走，一回过神来，就看见眼前的门牌，我已经到了要找的那户人家门口。

“我总不能上来就喊‘夫人——！’所以首先见了他家男主人，说明了来意。

“‘你大半夜来干什么？太拿人不当回事了。夫人生病，见不了你。’

“对方非常生气。后来我才知道，这位夫人是当地有名的美人，因此丈夫的嫉妒心很是强烈。”

三十

“紧接着，我就被姨妈叫去训斥了一顿。‘早知道你要去那里，我肯定就不让你去了。都怪你什么都不说，让我丢尽了颜面。人家还觉得你是夫人的发小，还说想听夫人唱手鞠歌，就更不像话了。你觉得你说这种傻话谁能理你？’

“我争辩说：‘我明明是去拜访母亲的友人，竟然被怀疑是去偷情，这太不正常了。’姨妈说：‘你懂什么？女孩子看上去都比同龄的男孩子成熟。她们戴上红色的头饰，梳起漂亮的发髻，梳妆打扮一番，小孩子都会觉得是漂亮的大姐姐。其实，也就跟你差不到一两岁。去世的那人比你大两岁，这次的夫人只比你大一岁。那个不知道去哪里的就不太清楚了。’

“事情越来越麻烦了。那位夫人的父母家也派人来找姨妈，一脸不愿意地说：‘我家女儿不会唱手鞠歌。我们家也得顾着颜面，今后请别再去找了。’说完就走了。

“当然，我去找她的时候，她根本就没有生病。

“那之后大概过了一个多月，我收到了一封信。信里详细地写了很多，有一百多首各种手鞠歌、摇篮曲、童谣等等歌曲。

“信的最后，只是这样用红笔写道：

其中有很多歌，

是唱媳妇嫁人的凄苦的。

“这封信直到现在我都小心翼翼地收着。当然,信里没有我记忆中的那首母亲唱给我的手鞠歌。

“那么,就剩下那位行踪不明的女孩子了。

“您想,如果知道她是搬家了,或者去了很远的别的县了,多少还能有些线索,没有什么奇怪的。但据说她是遇到了神隐。至少,姨妈和她周围的人们是坚信不疑的。

“那个女孩子的名字叫菖蒲。

“她们家里只有她母亲和她,还有不知道是哪边的乳母和奶奶或是外婆。一家都是女人,又没有做买卖,但她家的宅子着实阔气。在我小时候的记忆里,只记得她母亲是一个把牙染黑、鼻梁高挑、长脸的女人。经常把衣带的扣子留得很长,脚边的裙裳没有系好,露出里面的衬衣或腰裙。我还隐约记得,夕阳西下的时候,她时常一身这样的打扮,站在门口,一边遥望远山,一副失落的样子。有人说她‘是谁谁的妾’,还有人说‘不,是正室’,还有人说‘是某某藩主的私生女’,但谁也不知道她究竟是谁。

“她的女儿倒没有什么不寻常,但气量是三个女孩里最大的。现在提起她,她的身姿还能浮现在我的眼前。

“她的女儿常去别人家玩,但从来没把朋友带回自己家玩过。

“大家聚在一起玩些什么的时候,经常刚刚玩到有意思的地方,她家的老太太就过来说‘你妈妈叫你回家’,然后把她拉走。忽然少了一个人之后,场面一下就冷了下来。前几次,她还不情不愿,被拽起来之后才回去。后来,有好几次刚刚玩到一半,她忽然自己站起来就回家了。也许是因为她光去别人家玩,又从不叫人去自己家玩,觉得不好意思了。

“所以来来去去,就只有她不能玩得尽兴,只有她不能随便来玩,只有她没有自由。最后,我们反而觉得可望而不可即才是最吸引人的,更加想念她。因为不能去她家喊‘菖蒲来一起玩吧’,所以我们就一边把石头敲得咔嚓咔嚓响,一边从她家门口经过,当作叫她的暗号。

“后来听说,有一天晚上三更半夜,她就在一间大门紧闭的十叠大小的厅里不见了踪影。

“事情发生在丑年。我想去寻找手鞠歌,问姨妈她的情况的时候,姨妈一边嘴里嘟囔着‘那是几年前的事啊……’一边扳着手指头数着。这一晃,又过去了好多年。”

三十一

“在我的故乡,未婚的女人,都要在丑年的丑日净身、净衣……”

屏住呼吸听得入神的法师说:“原来如此。”

说完,又双手抱在胸前问:“是精进洁斋吧?”

“不,没有那么正式。”年轻的住客否定道。

随后,他好像又想到了什么,点点头说:“反正是女孩子们做的事,不会那么严格。听说总之就是先洗头,再泡澡,然后再把刚洗干净的头发,不用簪子,直接用梳子盘好。只有嘴唇淡淡地抹上口红。

“接下来,十叠大小的屋子门窗紧闭,让女孩子面对着墙,背对着壁龛,再在她面前安放好女人的灵魂——没错,一面镜子。

“传说中,虔诚地在心中念‘丑童子大人,斑之御神大人’,目不斜视地盯着镜子,时刻一到丑年丑月丑日丑时,镜中就会显现出前世定下今生之缘的人的样子。

“那个女孩,在我们谁都不知道的时候,在家里一个人等待丑时的到来。听说这时候,她就像被什么带着一样,摇摇晃晃地就走了出来。之后,就再也没人见到过她了。

“真是一件让人根本没办法的事情。

“但是,明明心里知道没有办法,反而更加想听那首母亲的手鞠歌。‘要是听了这首手鞠歌,去世的母亲会不会来见我呢?’我心中万分焦急。跑去山中寺庙里母亲的坟前,使劲儿摇晃母亲的墓碑,然后将耳朵贴在附近当作标记的松树上。结果传到耳朵里的,只有拂过松树的风声。

“穿过那座山中寺庙附近的树林，在流向村子的溪水的下游，从溪水里捡起一块圆圆的鹅卵石，狠狠地咬上一口，心中默念：‘牙齿啊，你发出声音吧！舌头啊，你唱歌吧！’但只是疼得浑身发抖，根本就没有什么声音。

“大概是因为我心不在焉，有一天我在山路上受了伤，扭伤了脚踝，卧床不起。为此，我在伤痛中度过了半个多月。后来终于可以拄着拐杖外出散步的时候，简直就像逃脱牢笼的飞鸟一样，拄着拐杖又蹦又跳地从村里朝着山边走去。不，那时的我完全称不上是鸟，根本就是一只丑陋的青蛙。道路两边都是人家，就像大崩海角的街道侧前方向上隆起的地方一样，路尽头是一个丁字形的路口，到那边就是邻村了。就在还差一点儿就出了我们村子的地方，一个美貌的女子从我对面左手侧的道路上，正要朝这边拐过来。她看到我穿着白色浴衣站在那里，忽然停下了脚步。

“我已经记不得她的穿着打扮了。只记得她似乎拿着一把洋伞。虽然忘记了那把伞是撑开的，还是收起来的，但我忽然觉得，她长得真是像极了那位遇到神隐、不知所终的女孩。

“她朝我微微一笑……

“这时，一个看起来像是猎户的大男人走了过来。他头上戴着斗笠，遮住大半张脸，脚上蹬着一双草鞋。一杆猎枪扛在肩头，枪口系了一把蓝绿色的小旗子。他用铁链拖着一头硕大的棕熊,熊被咯啦咯啦地拖在地上。

“站在这个丁字路口,头顶是山,面前是两个村落交界的地方。‘丁’字的横与竖交叉的路口,从左边的仓库,走到右边的点心店门口的帘子,不过四米不到的距离。就算拖着一头熊,慢悠悠地走过,也不过是一眨眼的事情。

“熊的后背,像乌云一样经过女子胸前的时候,女子也一起侧着身子迈开步子,身后跟了一大群孩子……大概因为在我的故乡,这种野兽非常罕见吧。

“因为女子的身子被挡住了,我想走到路口再看一眼,急忙迈出步子。当时,我还是个不方便走路的跛子,忘记了自己拄着拐杖就往前走去,绊了个趔趄,朝前摔倒在地,脚趾的指甲也掉了下来。

“我在那里躺了半天都没站起来。

“过了一会儿,我好不容易站起来,赶紧走到路口,却发现他们已经不见了踪影。

“那之后,我一边旅行,一边周游诸国。在越前[①]木芽岭的山麓附近看到过背着炭的女人;在坐蒸汽机车翻过碓冰岭[②]的时候,列车经过隧道和隧道之间,我从车窗看到附近一

①律令制时代,日本的小国之一。在今日本福井县。
②位于群马县,日本东西分水岭上,海拔约960米。

个茶屋里，有一个背对着我的女人；还有在东京的车水马龙中看到的一辆马车里坐着的女人；等等。我多次见到过看起来很像是她的女人……但都不像看到熊的那次印象清晰、明了，直到今天还清楚地记得。

“那天，我回到家，在纸上写道：

你美丽的身姿，

被熊夺走，

在村子的一角，在村子的一角，

跛子一瘸一拐追丢了。

“然后我把那天的经历讲给姨妈听，问她：‘手鞠歌里有没有类似这样的歌？’结果姨妈说：‘大白天的，你看到这种蹊跷的事情，说出这么蹊跷的话，说明你的身体太虚弱了。这段时间你好好在家，不许出门。’给我下达了外出禁止令。

“后来我才听说，很久以前，有那样拖着熊漂洋过海来卖真正的熊胆的人，但最近已经完全见不到了。”

三十二

“过了一些日子，姨妈来到我的枕边对我说：‘如果你真的放不下这件事，就去你想去的地方旅行吧，沿路打听一下那首手鞠歌，就当病愈后的疗养吧。而且，我也想再听听妹妹唱的歌……’

“说完，她就拿了一个旅行时用的随身小箱子，装了些旅费给我。现在，姨妈还会给我旅费。

“离开故乡，粗略一算也有五年了！

“全国各地，山山水水，都、村、镇，无论在哪里打听，都没有我心中向往的那首手鞠歌。就算有类似的，也顶多是歌头，或者歌尾，或者歌间，有些只言片语，我有些印象。还有就是，孩子们拍手鞠的技术，一代一代越来越差，没人能唱着歌一直拍到最后。所以自然而然地，很多手鞠歌也就只剩下一半。

“我心里想，一般的找法恐怕是找不到了。因为一心只想快些找到那个不知所终的女人，我寝食难安。但人们都说她是被魔物拐走了，实在没有办法。我看到山顶附近的云彩，就想借着藤蔓攀爬上去，看到飘过湖面的雾气，就想哪怕乘着树叶也要追上。岩洞的尽头，瀑布的背面，我都一探究竟。我还期待着，如果我们前世有什么因缘，能够萍水相逢，那我宁愿在深山里的庚申塔前，一个人站在那里等着二十六的月亮出来。

“秋谷有一条岸边开满牵牛花的小河，名叫霞川。就在不久之前，我在霞川的河边捡到一只漂亮的手鞠。

“我听宰八说，有一个女人，给了一个叫嘉吉的人一颗绿色的珠子，然后在月光中走在山路上，嘴里吟唱着童谣。

这是往哪里的小路呢，

小路呢?

是往天神神社的小路啊,

小路啊。

“光是听宰八讲到这里,我就仿佛亲耳听到了她的声音。”

法师听得入了迷,但随后又叹了一口气。

“总之是一件好事。那您找到您心目中的那首手鞠歌了吗?”

“不,手鞠歌到底还是没有找到。但声音,应该就是那个行踪不明的女人……不……应该就是她本人。我捡到的那个手鞠,应该也是她的东西。我觉得,在这个空宅子里,应该能够见到她。……确切地说,应该说这是我心中的希望。

“我求宰八大爷,在这儿借了一间房子住。但我住进来的当天,手鞠就被她拿回去了——对于美丽而又高傲的她来说,应该不愿意让手鞠被一个我这样的人捡到吧。

“或许,她想要把那只手鞠送给小河下游的秋谷明神大人。如果这样的话,这里的,那个,岸边的名产——产子石,也一定会像编织手鞠的丝线一样,变成绿的、黄的、红的、白的、黑的五种颜色,光彩夺目地涌现出来。这些颜色,又会在海里折射出紫色、绿色、青色、碧蓝的颜色,在月夜的太平洋上架起一道美丽的彩虹。”

年轻的住客又沉醉起来,低着头说道:

“我觉得,我觉得!在这个宅子里发生的一切蹊跷事,都是诅咒,都是我的罪过!都是我的欲望,都是我的恋情,让我从河里捡来了那只手鞠。这是对我的惩罚。

“但是,要诅咒的话,就诅咒好了!我要坚持我的愿望,我一定要听到母亲的歌。

“或许是我心中尚存迷茫。我感觉,我看到的那些怪异的事情也好,让人震惊的现象也好,也许都是有人想利用这些给我暗示,暗示我心中想念的那首歌。所以,每当我遇到蹊跷的事情的时候,我都会把它唱出来。比如,灯笼飞上天的那次。

你美丽的身姿,
经过草绿色的蚊帐,
经过蚊帐周围,就算看不见身姿
记忆中灯笼的面容。

“当然,我寻找的那首歌并不是这首。还有别的。

你美丽的草庵,
在屋前的田里投下影子,
屋顶的茅草被露水打湿,
月光落在屋顶的茅草上。

“但这首也完全不似记忆中的那首歌。我自己都惊讶,鹅在屋顶叫的时候,我仿佛被海浪带走。马的身影映在木门上时,我仿佛就要坠入充满怒火和争端的修罗道。

屋顶闻鹅鸣,

木门现马影。

“就算迷迷糊糊的时候,这样的歌也不停地在耳边回响,我的内心却始终不肯认同。

“为了亲耳听到那首歌,什么事情我都能忍受,才把自己关在这里。……就算要诅咒我也没关系,就算犯下罪行我也在所不辞。”

年轻的住客激动地说完,忽然又回过神来,失落地看着法师。

“只是,如果她把手鞠收走,意思是要说‘不教你唱手鞠歌’的话,就太让人沮丧了。

“是啊,看我这话说得都有些前后颠倒了。手鞠……啊,是的。就在猫从天花板上掉下来之前,我一个人坐在缘廊边上,从草茉莉的花丛之中钻出来三个孩子。他们把山芋的叶子蒙在脸上,用奇怪的眼神看着我,就像小狗亲人一样跑到我身边,从缘廊向屋里看去。他们看到那个手鞠,互相点了点头。

“对我说:‘把它给我们。’

“‘它是你们的吗?’我问过之后,他们摇头。

"'那它就是叔叔的。'我说完,他们就说:'一个大男人,还玩手鞠!'然后'哇哈哈'地笑起来。然后,他们就拿起手鞠,一哄而散了。"

三十三

"听说你在谈论我……哦,原来两位都在这里。"

缘廊的高度不矮,所以宰八"嘿咻"一声,直接就把背上背着的包袱皮撂在了宽缘廊的边上。

"那样也好。"宰八把包袱皮的扣解开。他压低声音说:"真受不了,大家都在传这儿的天花板的传言。"说完后马上又放开声音说:"不不,今天不是我一个人。喜十郎大人那里的另一个用人,那个外号叫苦虫的仁右卫门老爷子,还有学校的老师,我们一起,来到大门那边。

"您可以想想,林子里一片漆黑,伸手不见五指,我们一头扎了进去。然后啊,那个苦虫老爷子,竟然像大姑娘被人抱住似的,忽然'呀!'地惊叫了一声,真没出息。"

"怎么了?"

"又出了什么怪事吗?"

年轻住客话音刚落,法师也从宰八拿来的行李上面探出头来问道。

宰八一把扯下额上的头带。

“哎，真是，法师您过来吧，刚才没顾得上招呼您，多有得罪了。老爷也让我替他问候您。过一段时间，喜十郎老爷要亲自来问候您。请您先好好休息。

“我是个不懂礼数的粗人，家里的老太婆让我来‘郑重地问候您’，还让我带了您直说好吃的丸子过来，您就当茶点吃吧。待会儿我点好蚊香之后，就去煮些个粗茶给您端上来。

“问候先说到这里。我猜两位一定已经饿了。老爷给两位用食盒装了吃的，让我拿过来。不过，负责拿食盒的苦虫老爷子，刚才‘呀！’地叫了一声。

“我们三个就像渡过急流险滩一样，一摇三晃穿过大门外边的草丛，花了将近半个时辰。说来真是惭愧，让两位等了这么久。”

“真是有劳您了。”法师郑重地低头道谢。

“那其他两个人呢？他们怎么了？”

“啊，对，说到这儿了。听到‘呀！’的一声惊叫之后，我急忙问：‘怎么了，仁右卫门？’那个苦虫皱着眉头说：‘啊，看到不好的东西了。刚才一个煞白的山芋的叶子，一脸坏笑地从我面前横着跳了过去。我可是精灵棚[1]的台子上的葫芦自己

①日本盂兰盆节时，祭奠祖先、迎接精灵时搭的台子。台上摆放牌位以及各种祭品。

掉下来都不认为是祖先对我的告诫，酒还是照常喝，葫芦掉下来是因为葫芦把儿太干变脆才断掉的。但你看刚才，这连风都没有，山芋叶子难不成还会走路了？哎呀，真讨厌。全身汗毛直立。可恶，头真疼啊，要不赶紧回家盖上被子，发上一身臭汗。真是要生病了。'

"就见他两腿发软，站在那儿一动不动。

"然后我想安慰他，说：'是那些孩子们窜出来了吧？'他却说：'那更不好。一听他们唱歌的声音，就让人受不了。他们，他们，敲石头的声音回响在山谷里，现在正好也是亥时！'说完脸色煞白，把包袱皮撂在地上就走了。

"然后我就只能请老师帮忙：'老师，你帮忙拿一下食盒吧。'

"结果老师说：'我不拿。'

"然后我就问老师：'为什么？'

"老师说得可能不太好听，客人您别在意。

"老师说：'他要是写些军歌什么的，我还能答应。我才不愿意给一个写些摇篮曲啊手鞠歌之类的家伙拿饭呢。'

"据他说，他是'听朋友说的'。但其实八成不是什么朋友，而是之前那些要来赶走怪物的人瞎传的。

"客人，您写摇篮曲吗？您在门板柜上贴的那些写了字的纸，是那些吗？"

叶越明有些不好意思。

“我并非写歌，只是把一路上听到的都记下来而已。因为数量太多了，所以容易忘记……”

“哈哈，看看我这胡思乱想的。看您在这么可怕的宅子里，还镇定自若的，还以为您到处贴灵符呢。

“那时候，我也不知道怎么回事，那个老师说您的坏话，我一下就来了气。

“我就教训他说：‘那就不让您拿客人的东西了。您啊，是学校的老师。但我没跟您学过，所以我也不算您的弟子。咱们走在一起，多少也算是朋友。所以能不能请您帮帮我这个独臂螃蟹宰八呢？’

“他帽檐下的眼睛盯着我说：‘我才不要你这种朋友。真不要脸。’然后掉头就走了。别看他说这说那的，其实他就是胆小才逃走的。真是的。韦驮尊天菩萨①似的一溜烟地冲了出去，一边‘喂！喂！’喊着，一边像个演技拙劣的演员一样追着已经沿河边走出老远的仁右卫门老头。”

三十四

这晚，什么怪事都没有发生。静静的，到了该准备睡觉的

---

①婆罗门教中佛法的守护神，传说追回了被夜叉盗走的舍利，被认为是脚程很快的神明。在日本文化中，用以形容跑得快的人。

晚上八点。

法师被举着烛台的宰八带着，拐过缘廊尽头，走过长长的走廊。此刻，他看着走廊旁边的防雨板，仿佛穿越了四周的树林，仿佛故乡的友人正挂起蚊帐，寂寞地等待着自己。

“是这里吗？”

“请向左推拉门。从铺着木地板的入口进去，第二间是男厕站着小便的地方。直走从北边也能出去，您回去的时候千万小心别走错了。

“这两三年从没有人从北边走过。不小心迷路走到那边去的话，都没人知道哪儿是哪儿。”

“我知道了啊。”

“知道什么！我在这儿等着你，等会儿你朝着烛光的方向出来。

“这里有这么多纸拉门，一个个都破了，呼啦呼啦的，白白的，大半夜看着跟骷髅一样。本来都不敢一个人进去，但你是和尚，有你在旁边多少还安心一些。刚才边喝茶边聊天，说得高兴，结果喝了好几壶茶。你上完了我也去上。我在这里等你。”

法师拉开纸拉门，不经意说了一句：“叨扰。”然后随手拉上拉门。

“啊，啊，真吓人。他这是跟谁打招呼呢？南无阿弥陀佛,南无阿弥陀佛。哎呀,一不注意就开始考虑乱七八糟的事。朝那些破掉的纸拉门里看一眼,不知道能看到些什么呢。——南无阿弥陀佛,啊啊,南无阿弥陀佛……哎哟,蜡烛的火怎么摇晃起来了,这风是哪儿吹来的呢?这蜡烛要是灭了可就完了,没准儿直接进了六道轮回了。南无阿弥陀佛,和尚啊,你还没完吗?"

"马上。"

"呀!"

法师把拉门拉开了一半,半开的拉门里,是法师灰色的法衣。

"劳驾您把烛台举过来。"

"唉,您真是的!要说话,您把门打开再说啊!我还以为是这拉门说话了呢。真是吓死人。唉,真是的。"

"我进来的时候看到入口旁的外飘窗下面有一个净手盆。这边太暗了,都找不到了。"

"啊,您……您要洗手是吗?"

宰八把拿着烛台的手伸过去。

"等天亮了您再看看。外面的庭院里,有一个又大又漂亮的青铜的净手盆。据说当年用了一头牛才把它拉进来。现在我可不敢把那扇门打开……"

"唉,这微风徐徐地从四面八方吹过来。"

“那，那个净手盆里要是有水就好了。要是没水的话，就劳驾您忍到客厅吧。水壶里应该还剩下些水，我帮您倒水洗。”

“有水，有水。”法师一边回答，一边弄出哗啦的一声水声。

“又凉又清的水，装了满满一盆。”

“胡说什么！这里怎么会有清水呢？井里的水是绿的，河里的水是浑的。”

“那可能是烛光照的。”

“而且，怎么会是满满的呢？”

“是啊，齐边齐沿，马上就要溢出来了呢。哎呀，一看就知道叶越大人爱干净。这儿有一条雪白的手帕……”

说到一半，法师忽然不说了。

“从今以后四月八日定为吉日

因为喜鹊驱赶了蛆虫

“这幅倒着贴的字，是哪位的大作啊？”

“您怎么又说些奇怪的事……南无阿弥陀佛，南无阿弥陀佛……”

“真是一手好字啊。”

法师就跟高僧一样，悠然自得地说着；但马上又变回了小和尚，急忙从里面出来。

“哎呀,您总算出来了。我都快憋不住,恨不得去院子里解手了呢。”

“真是的,那是谁写的字呢? 看起来像女人写的。”

法师明明称赞过雪白的手帕,这时却从袖口里拿出了自己那条脏兮兮的手帕来擦手。

“南无阿弥陀佛,那……那个……那个是……旁……旁边的小厅里……去世的……不知道是哪儿来的小姐写了贴上去的。那地方就在旁边。先不说这个了。说得我头皮都发麻了。”

“是……是这样啊。啊,我刚刚要擦手,却发现那条崭新的、雪白的手帕竟然又湿又冷。”

法师话音刚落,宰八忽然“呀!”的一声,朝旁边跳过来,踩在了地板上。他像是要不发出脚步声一样猫着腰,在原地来回打转。

三十五

“您这样转来转去,把蜡烛晃灭了怎么办? 给我吧,我帮您拿烛台。”

“那就劳驾您了。请您拿着,然后用它照亮您穿着法衣的身体,放出万丈佛光吧。”

法师接过烛台,向前迈了一步。

“大爷。”

他叫的声音听起来别具深意，宰八听了，便把没有残疾的那只胳膊蜷缩到与那只残疾的胳膊平齐的位置，一边摊开手掌，一边沉下腰去，仰起脸来。只见他满是皱纹的脸庞，在烛光的照射下浮现在黑暗之中。一个红大爷，一个蓝和尚，在走廊里边走边说，真是像极了鬼魂相互轻语的样子。

“又怎么了？”

“您听到哪里传来呻吟声了吗？”

“别开玩笑了。你吓唬我有什么好处！”

“呜，呜，呜。”

的确是让人不舒服的声音。

“大爷，难道不是您呻吟的吗？”

“不是。”

宰八一副奇怪的表情，皱了皱鼻子说：“哼，这是难产的呻吟声。一定是去世的少奶奶在呻吟。她变成姑获鸟在呻吟。你听，难道不是宅子深处的小厅里传来的吗？”

“宅子深处的小厅我都不知道在哪里，但听起来不像是拉门那边的。会不会是厕所？”

“嘿，您不是刚去过厕所嘛。”

“那是哪里呢？”

法师侧耳倾听。

“噢，是庭院，是庭院，就在防雨板外边。”

“是，听起来还真是。”

宰八也仔细听着，然后松了一口气。

“的确在屋外。只要有防雨板在，咱们就可以放心了。”说完按了按防雨板，又重新站好。

“混蛋，有本事就进来啊。混蛋，我这儿可是有个活佛呢！”

“如果是佛的话，就更不能打它了。那是人的声音。大爷，咱们把防雨板打开吧。那声音听起来很痛苦。”

“你安静点儿。那是它的诡计。一定是诡计。怪物耍诡计，把我们引诱出去，在你头上撒盐，然后把我的手脚都折断，然后让我喊‘月夜的螃蟹没有肉啊！’简直是造反了。绝对不能打开，咱们快回房间去。”

“但是您听，外面不是在喊‘快救救我’吗？”

“嘿，真是奸诈狡猾的妖怪，竟然利用人的心理。知道这里有和尚，就想利用他的慈悲引诱我们上钩吗？绝对不能开！”

宰八的话还没说到头，就听到一个清晰的、沙哑的声音说：“救命！”

“……”

“……”

“宰八啊——”

在草丛深处,一个虫叫一样的声音说。

宰八浑身发抖。

“呀！是苦虫在叫我们啊!”

“什么？虫子叫?”

“不,是仁右卫门的声音。南无阿弥陀佛。那儿,那儿,你看啊。仁右卫门傍晚在大门前就逃跑了,哪有现在还过来的道理！看吧,这个畜生,真……真是个没什么智慧的畜生,连这点儿道理都不懂。嘿,我们可是人,有灶王爷护着呢。你们这些小聪明,看我打死你们。”

就在宰八离开防雨板,摇晃着他还能动的那个肩膀准备冲上去的时候,就见缘廊的对面,铺着木地板的入口大概两尺开外的地方,一张四方的白纸,像一盏快灭了的灯笼一样,摇摇晃晃走了过来。

“哈!”

宰八后退一步,后背紧紧贴着法师。

“您诵诵经吧。他们进来了。南无阿弥陀佛,南无阿弥陀佛。”

法师也踮起脚尖,屏气凝神往前望去。

“那是灯笼。一定是咱们离开得太久,叶越先生着急了,来找我们。这样一来,我们这边就有三个人,不用那么害怕了。把防雨板打开吧。”

“哎呀，说了多少次，防雨板开不得啊。”

“但是，外面一直在求救啊。俗话不是说‘鬼神不干卑鄙的事’吗？我们慈悲为怀，不会有人恩将仇报的。”

说着，他就咔嚓咔嚓地打开了锁头，用力抬起防雨板，咯吱，咔嗒，就把门打开了。这时，忽地吹来一阵晚风，和尚急忙抬起袖子去挡，但没来得及，烛光就消失在了风中。在昏暗的草丛中，横在草丛下面，歪斜着身子，像盖着吉野纸①一样昏暗的月光下，四条腿趴着，趴在石板小路上的，究竟是什么呢？

三十六

眼见为实，趴在石板路上呻吟的，正是仁右卫门。

借着月光，真真切切地看到他后，尽管对于他为何会出现在这里，众人心中充满疑问，但多少也松了口气。叶越明举着灯笼过来，宰八再没什么可害怕的，便听了两个人的话，下定决心跑到了院子里。事已至此，露水打湿衣角这等区区小事也就不在乎了。

宰八穿过草丛，发出沙沙的声响，凑到仁右卫门身边问

①出产于奈良县吉野地区的纸张。

道:“老爷子,你怎么了?”“唉,你是宰八,救命,拉我一把。”仁右卫门说着伸出手,用央求的语气说道。宰八用力抓住他的左手,嘴里打趣道:“这畜生的毛怎么这么少?噢噢噢噢,真是太像仁右卫门了,这变得也太像了。”边说着边拉起仁右卫门,把他架在了肩上。明明只是在石板路上朝外走,但仁右卫门的步伐就像是陷入了泥地里一样,紧紧靠在宰八身上,嘴里哼哼着,“喉咙像堵住一样,喘不过气来”。宰八也想尽快解决眼前的难题,也顾不得问东问西,费尽九牛二虎之力,总算是把他拖到了缘廊边上。叶越明又打开了一扇防雨板,在那儿等着他们上来。“您不舒服吗?总之先上来。”他伸手把仁右卫门拽了上来。众人定睛一看,仁右卫门的右手竟然握着一柄竹枪。

三人惊讶道:“这是怎么回事?”仁右卫门答道:“这竹枪是有缘由的。但,能不能先给我喝一口水?”他舌头绕不过弯来,连嘴唇都没了血色,手掌冰凉,像筛糠一样抖着。叶越明说:“总之先带他去屋里吧……这家伙太危险了,由我来拿着。”

削得尖尖的枪头掠过了僧衣的袖口,站在众人身后的法师急忙闪开说:“我来举灯。”然后接过灯笼,站到了队伍前面。

“来,我背你吧。”“天坊蟹宰八”转过身把“螃蟹壳”对着仁右卫门。仁右卫门嘴里说着“不至于”，扯着法师的衣角，拖着半条腿，爬上了缘廊。

后面，是叶越明枪把儿朝前，拿着那柄闪着绿光的竹枪。

负责殿后的宰八在后面固定好防雨板，看起来心情不错，嘲笑仁右卫门说：“怎么都吓得直不起腰来了，真是个没种的人。”仁右卫门一边在地上往前爬一边说：“不是，我脚下都是血，会留下脚印。”——场面真是要多乱有多乱。宰八咔嗒一声把防雨板关好，马上朝着叶越明的背影跑过去。——这队人马的最前面是在法师的衣角前后摇摇摆摆的灯笼，后面跟着“脚底都是血”、趴在地上像马一样四条腿走路的苦虫，然后是一柄竹枪在后面押送，最后是一只螃蟹走过黑暗。……缘廊上呈现出一幅这样的光景，实在是太不寻常了。

一行人总算回到房间，处理好了仁右卫门的伤，这才回过神来。仁右卫门环视了一下周围三人，嘴里犹犹豫豫嘟囔了好久，终于下决心说：“我对不住你们，客人，法师。还有宰八，我最对不住的是你。咱们是四十来年的交情了，但我还做出怀疑你的事情，简直是没脸见你了。”他终于开口说出了整个事件的前因后果。

——在家主鹤谷大人的这所别墅，发生的各种蹊跷事越来越多，仁右卫门心里觉得必须要认真想想是怎么回事了。他话也不说，闷头想了三天两夜，仿佛忽然想通了些什么。真是一场处心积虑导演的阴谋啊。这一定是一个很大的骗局。他们早有预谋,要把这座宅子弄成一座鬼屋。放着不管的话,就干脆变成了狐狸狼狈的巢穴,就算不这样,也会变成乞丐和流浪汉的藏身所,有人在里面生火就更危险了。这种屋子,就算倒贴钱也不会有人来住。所以,一定是有人想要等着这座宅子彻底空置下来,拔掉腐烂的柱子,揭掉屋顶的瓦片,将其据为己有。没错!没错!一定是明神大神托梦,自己才会看透这场阴谋。仔细一想,最近住在里面的那个流浪书生虽然一脸善相,但像极了小说里的自来也[①],简直就是盗贼头子;那个傍晚过来的和尚也一定是同伙儿;还有那个开茶屋的老太太也很可疑;那个带着书生来的宰八也肯定被他们同化了;怪不得这次闹鬼事件都跟他们几个有关;等等,装疯卖傻那么简单,嘉吉那个家伙肯定也被他们收买了——肯定是收了他们一坛酒。你们这群混蛋,当这儿是哪儿呢。别忘了这个秋谷村不光有甜柿子,还有我苦虫呢。看我故意装作胆小鬼让你们放松警惕,刚才我逃可是借用了真田幸村的金蝉脱壳计,看我等会儿杀个回马枪,把你们这群贼人连窝端掉。

首先,要釜底抽薪,把一到傍晚就出来转悠的嘉吉抓住,然后送去他父母家严加看管。

---

①江户时代通俗小说中经常登场的盗贼、忍者角色,擅长使用妖术。

其次，还要做好准备。首先是早早就打好招呼，有今天来这里的路上和仁右卫门一起装作害怕逃跑的学校老师，还邀请了在背后一起偷偷侦查的妓院老板。

他们两个站在正门前等着。只有仁右卫门一个人说要捅死怪物，就算杀了被狐狸蒙骗的人，也不算做错事，于是在胳膊底下夹了一柄竹枪，从木门进了院子，借着月光，朝着防雨板走去。他心想着，是不是能找到些他们变戏法的破绽，就屏气凝神朝屋檐下看去。

三十七

他清楚地看到，屋顶上落了一只乌鸦。哎，就在这个屋檐的下面，两个产妇死于非命。心里一想到这里，就仿佛在屋顶上看到了一个身影。

这个身影自打仁右卫门穿过草丛放轻脚步朝宅子走去的时候，就朦胧地飘在他的眼前。身影时而立起来映在细长的草叶边，时而横着穿越草根间的空隙，时而飘摇着越过叶梢。他觉得，这个身影就是自己和竹枪的影子融合在一起映在地上的产物，所以并未多加怀疑，直到这个身影一跃而上，移到了屋顶上面。

定睛一看，那身影的肩头十分纤细柔弱。自己扛了这么多年锄头的肩膀，就算是月光投下的影子，也不会变得这么纤细。一注意到这点，忽然觉得身影的腰部也像极了“杨柳细腰”。

身影的细腰正对着这边，后背弯着，坐在屋瓦上，裙角扎起来压在小腿下面，垂下来的裙摆浮在空中，没有遮挡地、轻飘飘地搭在了房檐下一片硕大的蜘蛛网上，那风情就像水车旁笼罩的水雾。白皙的脖颈消失在后背摇曳的领口中，但在冰冷的月光中却并不十分惹眼。尽管月光像罩了一层薄雾般朦胧，仍旧能够让她漆黑的秀发闪耀着绿光。树影婆娑，像云彩一样遮住了她，包裹着她的脸庞。身影背对着这边，微微抬头仰望着天空，抬起胳膊，露出藕白般的上臂，静静地轻抚鬓角的头发。

现在回想起来，玉笋般的指尖穿梭在秀发之中这种情景，是不可能看得到的，但当时仿佛看得到她的耳朵在动一样。

哎呀，那是怪物，还是人类？总之，一定是要将这座宅子据为己有，才会在屋顶上的。这个家伙，给我看着！仁右卫门退了一步抄起竹枪，照着以前刺鸟的时候那个架势就刺了出去。枪尖哧的一下就穿过了屋顶上那个身影的衣袖下面，但就在这时，仁右卫门本应站得实实在在的脚下，却忽然发出了“咕、咕、咕”的声音。

地面忽然变软，并且变得有些热度，软乎乎像踩在棉花上一样，仿佛地面有些下沉。仁右卫门膝盖使不上劲儿，一下跪了下去。他吓了一跳,朝脚边看去,这是站在牵牛花上面吗?

虽然心中是这么想的,但实际看到的情景却全然不同。那个白白的软软的东西,老天保佑,竟然是仰面倒下的女人的前胸。自己竟然踩在了两个乳房的正中央。

仁右卫门全身发抖,急忙定睛一看。她白色的脖颈因为痛苦向上仰着,黑发散乱着,朱唇中露出雪白的牙齿,脸上鼻梁高高的。仁右卫门到死也不会忘记,她就是嫁到鹤谷家、初次生产就离世的少奶奶。

他就像是挨了当头一棒。

比起害怕和疑惑,他心中的歉疚更多一些。他急忙把脚移开,却不知怎么,刚移开一只脚,另一只脚又踩了上去。

嘿哟,他使劲儿把这只脚移开,然而刚刚移开的那只脚又踩了上去。他像热锅上的蚂蚁,越是慌张,腿脚反而越是使劲儿地向下踩,每踩一脚都会发出"咕、咕"的声音。从她嘴里涌出来的血,淋在了她的脖颈上,染红了前胸,哗哗地流过了乳房,温热地濡湿了仁右卫门的脚底。

仁右卫门"啊"的一声坐在了地上,手拄在地上的时候,竟然一把将黑发握在了手中。

"对不起,少奶奶,对不起。"他一个劲儿地道歉。被人踩在脚下蹂躏的身影,忽然睁开眼睛四处打量。她的嘴唇也动了起来,弯成一条微笑的弧线……同时还不断有血涌出。

仁右卫门的脚就像抹了胶一样一动都不能动。

正在他想要挣脱却又动弹不得的时候，屋里传来了宰八的声音。他想呼救，却偏偏又语不成声，所以才发出了呻吟声——

在宰八拉仁右卫门起来的时候，宰八看到的地上铺着的石板，在陷入迷幻的仁右卫门看来，竟然是少奶奶的胸口。虽然仁右卫门哆哆嗦嗦地说脚底还发黏，手上也都是血，但用灯笼一照，他的手脚其实只是在露水里有些发白而已。

“我再也不胡思乱想了。我一个六十多岁的爷们儿给你低头了，宰八，你送我回本宅吧。我再也不想在别墅周围多待哪怕是一秒了。你就救我一命吧。”

仁右卫门说着，一个劲儿地鞠躬。

众人担心剩下的两个人怎么样了，就结伴去大门外，只见老师一屁股坐在玄关前面铺的石板上，而妓院老板早就没了踪影。……后来才知道，他早就一溜烟地逃走了。

问他们看到什么了，他们光是摇头，谁都不肯说。没多久就谣言四起，也不知道是谁最先传出来的，说看到的一个是身着深红的裙裤、黑眼尖耳的女官，用袖口遮着朦胧的月亮，站在木门外，另一个是一只红脸、有九条尾巴的硕大的猴子。

三十八

房间十分宽敞,足够两人居住。蚊帐的挂钩,分别挂在面向纸拉门的两个墙角,还有两扇拉门的门框上,占去了十叠房间的近三分之一。毕竟是豪门的寝具,在美丽的浅绿色蚊帐和红色的麻质帐裙中,两人将枕头排在了缘廊一侧。

“那天,一大早就开始下雨,白天也黑得跟半夜一样。就在那天晚上……”刚说到这里,叶越明就睡了过去。

大概,这也是这所宅子的一件蹊跷事儿。“真是可怜。如果这个年轻人说得没错,那接连这么多天,他一定非常疲倦了。今天有我这个朋友在,所以他才能放下心来,熟睡过去了吧。”小次郎法师心里想着,向四周一看,就见蚊帐外面白凄凄的灯笼。

灯笼的灯罩上虽然没有涂鸦写画的痕迹,但看着它,总觉得它马上会飘起来,离开榻榻米,要么是灯罩浮起来,要么是里面的火苗飞出来,或者干脆整个灯笼飞进蚊帐里来。

这才注意到,明明没有把灯芯挑起来,但叶越明的脸庞却显得异常明亮。

“喂,你这样睡要着凉的。”

大概是天气热睡得不踏实,叶越明的衣襟没有合上,露出白皙美丽的前胸。法师叫了他一声,小心翼翼地避开他露在外面的胸脯，帮他盖上了被单。叶越明仍旧一无所知地睡着。——如果跟仁右卫门和少奶奶似的，一碰他的胸脯，就忽然吐着血微笑起来可怎么办？

法师一想到这里就更睡不着了。还是当作什么都没看到吧，法师闭上眼睛。但闭上眼睛之后，眼皮还是会自作主张地睁开。是心中的不安让法师辗转难眠。

他将披在身上的睡衣扯下来盖在身上，衣服的袖子就像一个巨大的洞穴，仿佛里面会出来什么东西，拽住自己的腿，把自己拖进洞里，心里十分恐惧。

接着，他又把睡衣扯掉，露出光头，但这次仿佛自己会嘴里说“哗！”然后露出坏笑一样。尽管是自己的脸，心中也十分不舒服。

法师心烦气躁，睡意全无。他合上衣领，调了调枕头的位置，深呼吸了一下。

“众怨悉退散。”

他仰面躺着念道，心中总算是平静了一些，终于来了些困意。就在他彷徨在半睡半醒之中的时候，“滴答”一声，什么东西落到了枕边。

就在他在蒙眬之中搞不懂这究竟是雨滴声还是吸饱血的蚊子掉下来的声音的时候，又传来了“滴答”一声……没过多久，滴答滴答的声音接连不断，还有东西溅到了法师脸上。

直到这时，法师才发觉冰凉的液体溅到身上。伸手摸了一下，摸在手上也是冰凉的。法师颤抖着坐起身来，迎着灯笼看了一下，所幸不是血。

法师心想，难道是漏雨了？心里刚想到这儿，水滴就从蚊帐顶上哗啦哗啦地落了下来。

竖起耳朵一听，屋顶上传来下大雨的声音。

虽说是别人好心施舍来的住所，但这条件也太简陋了。法师早就在漫漫旅途中习惯了漏雨，便决定等到雨停。然而漏雨非但不见减少，反而越发严重。睡衣的衣角附近已经湿透了，水滴打在衣服上，溅起来老高。

之前听说这屋顶上还传来过鹅叫呢。难不成说这宅子整个儿沉到了霞川的河底？刚想到这里，一大滴水滴掉在了他的额头上，溅到了鼻尖上。法师坐起来，拽过枕头然后推到一边，跪坐着，挪到叶越明身边，看到他的睡衣已经滑落到了肩膀附近，便拽了拽他的袖子。

“唉，漏雨漏得很严重啊，醒醒啊，叶越先生。”

法师叫了几声，但叶越明一点儿反应都没有。

本来觉得他是个睡得浅的人，见到他这个样子，法师心里有点儿意外，急忙把手探到他的鼻子前面。叶越明的鼻孔里呼吸的气流，仿佛足以摇动芒草的穗子。

“睡得真香啊。”

法师仔细瞧着叶越明的脸庞。浓密的睫毛下是细长眼眸,眼角旁有几滴晶莹透彻的液体。难道是刚刚从天花板滴下来的雨滴? 不,不是。

我也有不为人知的过去。要说我们之间不一样的地方,恐怕只是你黑头发、白皮肤,而我则剃度出家、黄色皮肤。无论是你还是我,都是世间的孤儿啊。想到这里,法师也不觉流下了寄托在明天梦中的、同情的泪水。

环顾四周,也难怪叶越明沉睡不醒。凌乱的雨丝竟然只在自己身边,叶越明身边,哪怕是一只流窜在暗夜里的跳蚤都没有。

“我的老天,从房顶滴落下来的,一定是魔物的唾液。”

三十九

尽管知道刚才从房顶滴落的其实是幻境中的雨滴,但衣服被打湿、浑身冰冷的感觉,竟比小时候不戴斗笠被支使去村里买豆腐的时候还要痛苦。法师坐立难安,便干脆掀起帐裙,从蚊帐里出来。在这个临时借住的居所,究竟去哪里挨过这一夜呢?

法师想起了被秋雨打湿的小旅店屋檐下挂着的那盏飘摇的残灯,便朝壁龛前摆着的那盏灯笼靠了过去。

他又看了一眼自己的睡衣,竟然哪里都没有湿。刚才明明还想要擦干被雨打湿的脸颊和胳膊……当然，现在床铺那里也没有水滴的声音了。

法师把胳膊伸直，摩挲着念珠道“众怨悉退散”，以平静内心。也不知道是不是有了效果，连蚊子都没了声音，四周万籁俱寂。

然而周围实在是太安静了，他又开始不安起来，自己的身体会不会就这样凭空消失呢？

就在他恍惚地睁圆梦境中的双眼，定睛看向明亮的灯芯的时候，有什么东西在灯芯中一闪，在灯下映出了一道黑影。是一只有女人手掌那么大的蜘蛛，吓得法师脖子一缩。不对，不是蜘蛛。黑影碰到柱子，落在油壶旁边。是一片树叶。是一片绿色的枫树叶。

法师不由自主地将它拾起来。不过，就连他自己也不知道，自己捡起那片枫叶究竟是不是要确认它是不是真的是一片枫叶。

接着，又一片黑影飞来，就像雨点乘着风一样飘落下来。

法师无意识地又把它捡起来，不由得从最先掉落的枫叶开始数数：“一片。”

接下来又数道：“两片。”

话音未落，第三片树叶飘荡着掠过灯笼掉落下来。是一片有贝壳那么大的毛榉树的叶子，落下了一个硕大的影子。

“三片。”

法师嘴里低声数道。紧接着,第四片呼啦呼啦地擦过灯罩。

“四片、五片、六片、七片。”

法师一边拾一边数,没多久,他的膝盖上就密密麻麻盖了一层树叶。

他抬头向上望去,天花板看起来高得手不能及,自己就像身处暗夜里的深山中一样。

对了!这些叶子,说不定是夜里想要飞越后山的魔物交给看守这座山的魔王的通行证呢。他从膝盖上掸掉树叶,树叶哗啦哗啦地响起,他忽然浑身发起抖来。

“咳咳!”

法师干咳了一声,挪开视线,想要换个心情。都这个时间了,现在从包袱皮里取出经文念上一段,也未免有些晚了。这时,他忽然想起来,拉门上还杂乱地贴着四五张半纸[①]呢。

傍晚听叶越明说,他把外出听来的儿歌童谣写在纸上,一早一晚配上曲调唱上一唱,或者拉长声调读一读。

法师站起来走过去,最先闯入视线的是浓墨书写的一段儿歌。

①大小约25厘米见方的和纸。

一片落叶，

法师看到这句，忍不住继续读下去。

一片落叶，

两片，三片，

十片叠起来，

落叶有几片，

就是丢掉落叶的，你的年岁，

你的年岁……

法师一回头，看到那边还留着扫到一半就丢在那里的落叶，黑漆漆地散落在地上。

让人挂怀的牵牛花，

阴影流进霞川中，

那脸庞，那脸庞……

法师仿佛透过半纸，隔着拉门，看到拉门的另一边有一个朦朦胧胧有些发白的面庞。在耳朵深处，一个比天还要高，比地还要深，比星座的光辉、东海龙宫的灯火还要远，无穷遥远的地方，像是摇响了黄金的铃铛一样，丁零，只有一声，是一种琴声。

法师回过神来，急忙朝半纸看去。

丁零！

纸上的字像是活了一样。紧接着——

一声琴声……

纸上这么写着。

四十

法师心中急忙想着，要先冷静下来，整理好凌乱的衣带，然后，行李里有佛像，借这里的壁龛一用，把佛像摆在上面。想罢急忙解开行李。大半夜的，这副样子简直就像翻箱倒柜的小偷。

接下来，他把裹在辟邪的金线缎子里的一个长约三寸、周身黑漆的御厨子像捧了出来，叠好袈裟铺在桌上，把御厨子像摆在上面。

这间房子，原本是京都式的风格，在壁龛旁边是一排高高的吊柜，吊柜紧挨着缘廊，旁边是一个通往院子的满月一般圆的圆窗。只要打开窗户，就能看到草木繁盛的后山延绵到天边。叶越明曾经说过："这个景色，真是像极了被大火烧毁的故乡旧宅的书房，引人思念。不光这一点，我有预感，我的愿望在这里能够达成，心不自觉地就会被这里所吸引。"住进这里之后，马上就用上了这里的吊柜和桌椅，摆上了旅途中使用的砚台，还拿了把踏脚的矮凳当椅子。

因为桌子很大，所以水壶和茶具也都摆在上面。

因此，当看到他旅行的装束的时候，一眼就看出了他的为人，好心热情的宰八大爷在搬来寝具的同时，还背来了桌子。但他并没有用，而是轻轻像摆在了壁龛的一角。后来，宰八大爷在吃夜宵的时候说：“如果您还满意，要住在这里，就请用它来看看书什么的吧。”

这时，法师用起了那张桌子。

法师先把御厨子像摆在了桌子上，正在四处打量，琢磨要正式放在哪里比较好的时候，叶越明在蚊帐里喊了大约三声……然而伤的却是听者的心。幸运的是，马上他又安静了下来，也用不着去摇醒他。

打开拉门后，对面的缘廊自己也去过好多次。另一边是进院子的入口，先不说平时，今晚是不用去那里的。要说一直挂在心里的，是可以拆下一块作为入口进去大扫除的天花板，和那块天花板下面的那扇从未打开过的拉门。

“佛祖保佑。”

法师一边在心中祈求，一边从桌子上拿起御厨子像，捧在胸前，盯着那扇拉门看了一眼，对着拉门的方向站了起来。

就在这时，嗡的一声：

“请留步。”

就像从地底传来的声音。

法师心想，难道是叶越明在叫自己？但此刻，叶越明在蚊帐里大声呻吟着，所以法师屏住呼吸，正色观察起来。

“……”

然后,就在拉门的阴影后面——

“和尚请留步——等会儿有人要经过那里。请您让路。如果您一定要从那里通过,您可以随意。但因为您手中有佛像,希望您不要那样做。不,我们没有伤害您的意思。”

法师被这个声音吓了一跳,急忙抬头望去。就在拉门的门框上,漏雨的水渍描绘出的妖怪旁边,一个巨大的身影将头从门框上探了出来。那张脸庞眉粗目圆,鼻梁高挺,嘴角明晰,脸颊丰满,面相十分厚道。他身穿一件没有漂白的平织的麻料单衣,上面是一个漆画的拉门把手一样的家纹,白色的衣领,还有一件相同颜色的无花裙裤。裙裤上的一道道褶痕十分清晰工整。他从拉门上呼地立起来,右手从短短的袖子中伸出来,拿着一把没有打开的折扇,和蔼的脸上露出微笑,摇晃着身子悠然走了过来,哼了一声,一下坐在了法师面前。法师被他的气势所震慑,感觉像被一头大黄牛压在了身下一样。

法师急忙撑住差点儿趴在桌子上的前胸问道:“谁?”

“我行走全国各地……”

“你叫什么名字? 是什么人?”

还没等法师说完,对方说:

“无处不在的恶左卫门。”说着举起扇子,继续道,“不过现在,我在秋谷。所以就叫秋谷恶左卫门。”

“恶……”

“恶，是善恶的恶。”

“噢，恶……恶魔，你会诅咒人吗？”

“不，我绕着人走。为看一眼让清澈的光线从天而降、让夜晚的乌鸦翅膀下的羽毛迎光闪亮、令河边香鱼身上的鱼鳞闪闪发光的那毫无阴翳的明月，我不会选择被抛弃的小船，也不会选择山间寒寺的缘廊。赏月，我会选茅屋的屋顶，因为比起其他地方，那里反而人迹罕至。

“然而，竟然有人会故意在这个时刻抬头望向屋顶朝我看来，就算吃亏也是自作自受啊。”

四十一

“如果在光天化日之下经过人来人往的大道，遇到有人过来，我会给他让路。如果正面来人，我也会躲到一边，让对方先过去之后，再从他身后通过。但还是有很多人不停地回头来看。有时候我也嫌麻烦，不再藏起来，这时对方看到我吓一跳，就要怪他自己了。

“怎么样，和尚？就算这样还不相信鄙人吗？”

恶左卫门微微一笑，一边继续从天花板俯视着法师的光头，一边继续说。

“也许你还不相信我们妖怪存在于这天地之间——嗯，

你怀疑得瞪大了眼睛呢！想想看，你的眼睛瞪得再大，也很快就会眨眼。

“就算这个世界上有人能一整晚不睡，也不会有人一整晚不眨眼。以我恶左卫门为首的所有同类——所有妖怪，都存在于人类眨眼时的世界——知道你们眨眼的一瞬间有多久吗？眨眼的一瞬间，足够我在太阳下看清你们的长相、身形、衣着，甚至每一根睫毛，在你们肉体死亡几百年后，也能活灵活现地描绘出你们的样子。打火石碰撞给木柴点火是一瞬间，飞散的火星消逝也是一瞬间，枪弹贯穿人的身体也是一瞬间。

“所有人眨眼的一瞬间，水在流动，风在吹拂。但是，人睁开眼睛的时候，无论是树叶的绿色还是太阳的红色都不会发生变化，也不会有什么从这个世界上消失。但你只要知道，只有在眨眼的那一瞬间我们才会现出身形，而人类睁开眼睛的时候我们又会消失，我们存在于这个世上，不是什么怪事。”

恶左卫门悠然地点了点头。

“和尚，继续听我说。

“那些人看到月亮藏进云里，四周变暗，不觉得奇怪，而看到灯笼的火忽然灭掉却要惊慌失措；看到天边的流星不觉得奇怪，而看到地上的西瓜跳起来却又尖声惊叫。哪怕那些不幸都是他们自找的。但毕竟是我的同类做出的事情叫他们害怕,万一真有人吓破了胆,或是吓得精神出了问题,或是吓坏了身体,就会成为我们修行的阻碍,还会成为我们的罪过,真是麻烦大了。”

说到这里,他轻轻叹了一口气,又继续说下去。

“不过,这间宅子从这个月初开始,还有别的住客。这位住客和我们的境遇相同,所以我们的同类都在身边守护着她。她原本就是寻找没有人的空屋才找到了这里。但问题是那个正在熟睡的少年,他哪怕是豁出性命,也要实现自己心中的愿望。但自从他不惜性命住进这个野草及腰的宅子,这里就变得十分喧嚣。这样无论对我们还是对那位住客都十分不利。所以我们想办法把他们都赶走了,但最让人发愁的是那个少年。

“他心中的意志十分坚强,一点儿都不像他的容貌那样软弱。不过,他讲了很多神话故事一样的事情,但终究还是耻于自己的愚钝,有些事情没有跟和尚您讲。不,其实,我还做了更残酷的事情。

“有一次我把一大块岩石砸向他的胸口,然后我骑在他身上,掐住他的脖子。还有一次,诅咒他被七条大蛇缠住,让长了利齿的蜥蜴咬住他。但他就是不肯离开,还在悠然自得地唱歌,真是让我甘拜下风。

“然后，作为最后一次尝试，就在刚刚，我让他杀了人——没错，我让他杀的，就是和尚你！”

说完，他眼睛滴溜溜地打量着法师。

法师好像做好了心理准备，全身颤抖着说：“那……这里……这里……这里是阴曹地府吗？”

他不停地眨着眼，眼睛不安地滴溜溜直转。对方看到法师的这副表情，肥肥的脸颊上忍着笑意，但还是哧哧地笑出声来说：“不，没有这回事。但是，刚刚那个少年在梦魇中呻吟的时候，和尚，您有没有觉得胸口一痛呢？”

和尚觉得被说中了。

“噢，没错。”

“是的，就在那时，少年给你喝了毒药。”

“……”

“要说毒药，不是别的，正是那个收纳防雨板的木柜上放的朱泥水壶中的井水。这儿的水井已经封起来好长时间，里面的水已经泛绿了，简直就像有些透明的草汁一样。

“和尚，你们喝的茶，用的是那个老头子打来的河水。河水有些发浑，但其他人觉得河水更好，所以都喝河水。但是，这个少年因为在河里见了猫的死尸，无法接受河水，所以在喝井水。

“刚才我也说了，就算不能杀掉他，我们也诅咒他在梦境中受尽折磨。但决不能为此缩短他的寿命。所以,我们每晚都趁他不注意,让穿着和服、系着深红衣带、长着一张狗面的女佣,把我们密藏的浓绿酒装进湛蓝色的玛瑙壶里,当作延命药,滴在他的水里。"

四十二

"少年尝了井水的味道,惊为天赐的灵泉,甘美得令他垂涎。

"我们刚刚操控少年的灵魂,让他在梦中向贵僧您敬上我们的酒。'请您试着喝一口,哪怕只喝一口也好。这里的井水,有一股清爽芬芳的酒味。'他这样对贵僧您说。但您还在犹豫不决,心中充满怀疑,不肯伸手接过。"

恶左卫门笑着说。

"'如果您还不放心,那我这就帮您试毒好了。'说着少年自己喝了一口,固执地叫您喝。您拗不过他,接过杯子,战战兢兢地将杯中的液体一饮而尽,没过多久,贵僧您就开始苦闷、烦乱、痛苦挣扎,口中吐出黑色的血块。"

法师听得脸色煞白。

"少年大惊失色,急忙前来搀扶您,但为时已晚。就在您将死的时候,您开口留下遗言说:'我出家为僧,如果能杀身成仁,那正合我愿。请快离开这个魔境,去其他地方寻找您心

中的手鞠歌吧。’

“这正是我们所希望的。

“少年在蚊帐里被梦魇折磨，正是梦见这个情景的时候。

“我心想，这样一来总能把他吓跑了吧，结果却是白费一番心思。贵僧您知道吗，少年在梦中看到您咽气，他泪流满面，想要为您殉死。

“我在拉门的阴影里看到，他从藤箱中拿出了藏在里面的护身短刀，拔出了泛着寒光的利刃。

“我对他说道：‘啊，莫寻短见。’

“我阻止了他，是因为我不能杀死他。

“这件事之后，那位客人主动站出来，表示要将这间宅子让给少年，马上出发离开这里。

“但在这之前，那位客人希望亲自见到您，向您交代一些事情。

“那位客人是一位女性，所以才由我出面，询问您的意愿。

“秋谷恶左卫门，在这儿为您引见！”

他高声说完，接下来又平静地继续说：

“您愿意见她么？”

法师不由自主地回答说：“好。”

法师话音未落，恶左卫门摇晃着像小山一样的身躯，面向里面喊道:“请您出来吧!”

他的嗓音像一口破钟一样轰鸣。随后这个魔物硕大的身形就像被角落的黑暗吸走一样,呼地就从头晕目眩、几欲晕倒的法师面前躲闪到一边。然而,就算身形变得像萤火虫一样小,他的衣服的颜色、裙裤的颜色、脸的颜色、绑起来的头发的样子,仍然鲜明地留在法师眼前。

“您好。”

随着这声问候,一扇纸拉门的颜色唰地变成了绿色。漏雨的水渍描绘出的那幅魍魉的图画,除了水渍凌乱的边缘以外,其余部位都染上了若隐若现的桃红色。

眼看来人,她,一缕缕浓密光亮的黑发梳理整齐,盘在梳子上固定在脑后,耳边露出些许白色的头皮,双肩下垂,袖口紧紧地合在一起抱在胸前。从她白色的领口中可以看到里面穿了一件天蓝色的长摆内衣,上面罩了一件浅粉色的无花单衣。纤细的腰间,一条衣带如露水打湿的嫩草般发出柔和的光芒,照得胸前和肩膀下透着浅粉和蓝绿。衣服下幽幽地透着她雪白的肌肤。

月光如水,泼洒在她黑色的长发和胸前的衣襟上。她脚步轻盈,衣角一丝不乱,挺直了腰板,背后是幽深莫测的房间,背影拖曳着夜间深邃的黑暗。她过来的样子不像行走,更像是直立着移到了法师身边。不知何时,拉门打开,左右两边各出现了一只高脚的烛台，只能隐约看到门槛边上举着烛台的女人的膝盖。法师根本没有心思去想，她们两个谁是长着狗头的那一个。

法师探头看了一眼自己面前的人影。

“哇。”

法师惊叫了一声便匍匐在地：她的脸上长着两只闪着灿烂银光的眼睛，眼角画着暗紫色的眼影，颧骨突出，下巴发青，蓝绿色的嘴唇向嘴里凹陷进去，牙齿染黑的嘴里，是一个和石榴一样颜色的舌头，嘴里的牙齿比针尖还要锐利。

四十三

“噢，看我，真是太失礼了。我只是想隐藏自己的相貌，并不想吓到贵僧。结果戴着出门时的装束就来见您了……哎呀，真是太难为情了。”

说完，她摘下白鬼的面具，露出了端庄且有几分威严、眉清目秀的真容，优雅地低下头，双手伏地行了一礼。

“初……初……初次见面。”

法师别扭地弯腰行礼，女人抬起头，脸上流露出一丝落寞，红唇边露出笑意。

“不，刚刚您去如厕的时候，我们已经在走廊见过面了呢。”

法师这时反而镇静下来。

“您是哪位?”

虽然法师如是问道,但他心中早已知晓了这个问题的答案。

优雅的女人把和服的衣角叠好坐正,斜过脸庞向蚊帐里看去。

草绿色的蚊帐,让她的和服显得有些暗淡。

“我就是叶越母亲的知己,也是他的朋友。”

说完,她嘴唇紧闭,面带愁容。

听了这话,法师向她靠拢了一些。

“啊,果然是您。”

“那个,关于他,有一件事想要拜托您,还请您一定帮我实现我的夙愿。”

说着,她又向蚊帐看去。

“您看他,太可怜了,瘦成这个样子。他是那么的无辜,却如此苦闷、烦恼。不惜代价也要听到手鞠歌,这都是因为他对母亲的思念。

“正是因为他一心一意只想着要再听一遍儿时的手鞠歌,所以最近才忘记自我,忘记世间,唉,竟是如此思念我,甚至鬼迷心窍,对我产生了恋情。

“年轻的时候,他的母亲一字一句地教我唱那首手鞠歌,我现在还记得。

“他是如此向往那首手鞠歌，虽然我现在非常想和他见上一面，将这首歌唱给他听，但他思我心切，如果我现身在他面前，他一定会不顾一切，抓住我的双手，将额头靠在我的胸前，嘴里喊道：‘母亲！大姐！’

“贵僧，我怎么能躲开他、拒绝他、推开他？不，我反而会拽住他，抱紧他！

“没有血缘的男女，那一定是为天地所不容的事情。

“虽然对于我这个已脱离世俗的人来说，这是我们的自由——但违反天地法则，对我实现其他愿望一定会造成阻碍。但就算这样，就算我被爱情、被思念蒙蔽了双眼、搅乱了心神，我也早就做好了抛弃一切的准备。

“但是，虽然我可以抛弃一切……但阿明，他会变成和我们同样的存在啊！

“哪怕是变成和我们同样的存在，看他最近的心思，他也会在所不惜，在所不惜……”

优雅的女人把双臂抱在胸前，似乎怀着深深的恋慕，但又失落地望向一边。

“请您看看吧。就在我们交谈的时候，阿明的母亲爱子心切，正从云彩之中楼阁上的彩虹栏杆间探出身子，守望着我们。既不咒骂，也不会露出怨恨的眼神，更不会嫌弃我这个鬼怪。只要看到她那美丽、温柔的脸庞，哪怕是心中的恋慕化作澎湃的热血染红了树叶，我也碍于忌讳，无法向阿明报上自己的名字啊[1]。

“哪怕是不和他说上一句话，哪怕是像现在一样看着他的脸庞，我的决心都会被爱恋削弱。我是有夫之妇。虽然已为人妻，但面对阿明思念母亲的温柔之心，他仍会变成我的思恋，这是我的不义，是我的罪过。

“就连他的亲生母亲，已经离开人世的母亲——哪怕是幻象也好，想要在他面前现身，想要哺育他成长，想要陪着他安眠——就算是母爱，在上天也会被视作恋情。正是因此，他的母亲才忌惮这点，不肯现身。

“就更不用说我这个外人了。

“我原本为了不给他平添苦痛，决定不让他知道我的存在，才躲藏起来。但是我身边的人思虑浅薄，误将手鞠抛入河中，造成了孽缘。

“无论是他还是我都饱受折磨，身心深陷痛苦之中。但他仍然是明知有生命危险都不愿离开这里，所以我愿意退让一步，离开这所宅子。

“啊，阿明的执着实在叫人痛心。他所追寻的手鞠歌，只

①日语中，“菖蒲”“秋谷”“明”发音均以“a”打头。

要有缘,自然能再听到。

“所以才将这一切讲给贵僧您听。

“现如今,我离开这所宅子后,这里一定会窗明几净。随后阿明也会想开,离开这里继续自己的旅途。

“现在成为传言的这所宅子的蹊跷之事,如果传遍邻里周遭——住在离这里不远的别墅的那位……”

四十四

“一个大病初愈、前来疗养的绝世美人,为了打发无聊的时间,被做事欠缺考虑的侍女撺掇着叫来宰八,对他说,这所宅子里闹的蹊跷事儿,都是自己为了打发无聊和家中的帮工暗中表演的。听说有人因此受伤,还有一个叫嘉吉的得了失心疯。自己做了害人的事情,十分心痛。请用这些钱去慰问那些人吧。……

“说完,拿出了许多真金白银给宰八。

“这件事没多久就在世间传开,传言四起。得知并非真有妖魔鬼怪,伤病之人安心养病,得了失心疯的嘉吉也放下心来治好了病。只是因为逃不掉的因缘,那个养病的女人的丈夫,从大海的另一头旅行回来,听说了妻子的事情——那是个令人害怕的、嫉妒心极强的男人……

“在那所宅子还是鬼屋的那段时间,一个周游旅行的少年，曾在那里住过。

“男人怀疑自己的妻子和叶越明做了不义之事。妻子百口莫辩，于是男人将这所宅子从鹤谷家买来，将自己的妻子幽禁在空宅之中。

“贵僧。

“那位美丽的女人对于自己的所作所为也万般羞愧，实在无颜面对世间，便选了一间房间，将自己关在里面不肯出来。

“然后，随着日子一天天过去，她竟然开始有些想念从未谋面，因为自己被扣上莫须有的罪名，又因此名声败坏的叶越明。最后，她的想念竟然开始变化为爱恋和憧憬。她悲切的思念和激烈的爱恋，一定和我现在的心情，还有阿明他发疯一样想要再听手鞠歌的愿望是一样的强烈。

“也许是一年，也许是两年，或者是三年后，阿明他周游各地，依旧没有找到手鞠歌，又回到这里，一定会觉得自己先前借住过的这所宅子非常让人怀念。

“那时，女人沉浸在恋爱中的灵魂，一定会变成五颜六色的丝线缠绕成的手鞠，从霞川顺流而下。阿明他呼出的饱含思念的空气，和冰冷的烟雾一同升腾起来，一定连月亮都能遮蔽。两人感情的火焰重叠在一起，变成白热的火花，连房间深处的拉门都能点燃，最后在既不是日光、月光，也非星光，连烛光都不是的光亮中相互见面。

“这座宅子似乎会汇集世间的黑暗……明明这十叠的屋子已经十分黑暗了。

“在阿明他迷茫的双眼中,哪怕是煤灰看起来都像是芬芳的花朵,蜘蛛网都飘荡着闻名世间的香料的香气。他十分心动,世间的一切都汇聚在这间屋里,这里比大海还要广阔,看起来就像是金银珠宝装饰的宫殿。一见到房间里的夫人,他就像见到了唱手鞠歌的女神一样崇拜敬仰,五体投地。

“女人又长又冷的黑发,就像能动摇生命的琴弦,搭在肩头发出响声。无法从两人口中传出的歌声,变成了能够在肌肤上掀起波浪的血潮,向听不到声音的双耳传递着曲调。轻轻搭在一起的五指合奏出敲击水晶球般的声音,在乐音中战栗的衣服和颤抖的双腿,就像乘上飘荡在空中的云朵一样。

“阿明一边说着‘啊,这一定是我的母亲’,一边上前拽住她。女人忘我地、有力地用乳房、轻柔地用胸口、温柔地用双手、柔韧地用双臂抱住他。

“‘儿啊,危险! 你的眼睛瞎了吗? 在罪恶深渊的深处,快找到孤宅的灯火的方向!’他的母亲在高高的天空中,手指星光化作闪电,劈在墙头。‘快和她分开! 快逃开啊!’她的嗓音在屋顶轰鸣,眼泪化作滂沱大雨。充满慈爱的雨露滋润了顽石,滋润了树木和百草,在清晨初升太阳的照耀下,化作湛蓝、青紫、红色的水滴。

“对于已经坠入罪恶之中的两人，这一切都太过恐怖。在这一片令人震惊的景象之中，他们抱得更紧了。

“母亲于心不忍，终于打破了就连思念儿子都会被认为是恋情的天条规则，在楼阁的白玉栏杆边，拽过桂树的树枝，顺着树枝来到了宫殿外面。

“在下界看来，她的身体从月亮来到遥远的高空，再降临到人世间的样子，就像倒挂的云彩从亿万丈的高空形成一道瀑布，发出震耳欲聋的轰鸣声倾泻而下来到人间。云层上面只有一件薄薄的衣裳，她仅沿着一枝在空中飘摇的弯弯的桂树枝条而来，而丝毫没有不可靠的感觉。

“她的一个高贵的友人看到了她的身形，立即停止演奏天乐，急忙来到栏杆旁边，将桂树的枝条向上拉去。她被友人拦下，穿着浅色衣物的身形又回到了月亮前面，发间的簪子一闪一闪在星空间闪烁。

“阿明在房间的黑暗中无意间看到了闪烁的簪子，忽然发现和自己牵着手的是如此可恨的女人。无论是拉门还是墙壁，都画着大红莲地狱般寒冷刺骨的景象。榻榻米如同针毡。袖子上缠绕着毒蛇，膝盖上爬着蜥蜴。看到眼前地狱般的景象，如同全身掉进冰水，背后一阵恶寒，急忙向身后退去。但这时女人对阿明的执念，只怕是千锤来断，她也不会放手了。

“女人心中的思恋化作烈火,就像优秀的画师用金银装点绘制的锦绘放在火前一样,脸上肌肤白里透红,映出光辉,就算她眼角流下血红的眼泪,也无法割舍这份爱恋。在恐惧和羞耻中颤抖的身体追寻着人的温暖,同时嘴唇上火烧般的灼热却也在思念着冷月之前母亲的身姿。哪边都无法割舍,陷入踌躇。

“在烦恼和踌躇的天界,阿明的母亲说,‘至少听一听我的声音吧’,便唱起了下界的歌曲。贵人们体谅她的心情,纷纷附和起美妙的歌声。歌声,可以超越时间。阿明心中的那首歌,自然会在心中感应,在耳间聆听吧。”

她表情十分端庄地讲道。

法师双手合十听着。

随后他心想,此时全不必等待叶越明。大概,只要她的手一碰触到我,我就能听到那首手鞠歌。

四十五

她端坐着,继续说。

“贵僧。这件事请您记在心中,不要对任何人讲。现在,请好生安慰阿明,不要对他提及哪怕只言片语。

“大概是因为平日里痛苦造成的辛劳,看他睡得多香啊。”

说着,她靠近蚊帐,忽然匍匐在地,两手撑在榻榻米上,麻质蚊帐的香味忽然传来，草绿色冰冷地映在她的肩头，蚊帐的网眼间透出她淡红的和服。

“阿明……”

她匍匐在地上，想要将脸颊靠上叶越明的侧脸，但忽然又打消了念头，忽地向后退去，双手抱在胸前。

她双眼含泪看着法师。

“我们要告别了。作为与阿明最后的诀别，我拍手鞠给他看吧。这样实在很是幼稚，在您面前献丑了。那个……”

话音刚落，一个头发齐肩剪得整整齐齐，兔子脸的女孩，像蝴蝶一样，呼地从立在拉门旁边的两盏烛台间穿过，将手鞠捧在两个衣袖中献了上来。她用雪白的手掌接过女孩拿来的手鞠，像抚摸红梅的花苞——魔界的红梅大概有这么大吧—— 一样抬手轻抚，雪白的牙齿轻轻衔起袖口，袖子呼的一下系到了腋下。

她露出优雅的笑容，沉醉地说：“哎呀，只有我一个人的话很是害羞，大家也一起来吧。”

在她的呼唤下，桔梗、茅草、美丽的胡枝子和女郎花围在了蚊帐旁边，还有蝈蝈和蟋蟀的声音伴唱。

对面的小溪里有一条蛇，

豪门人家的小女儿，

竟敢对她动坏心思，

手持两串宝珠，

脚蹬一双黄金靴……

墙壁和拉门都染上了枫叶般的红色。整个房间都像是制作手鞠的锦缎。刚才哗啦哗啦落下来的树叶，也围绕在灯笼边随歌起舞，渲染出一抹红色。一时间，不知道多少双女人雪白的手，像雪片一样摇曳着。不知是有心还是无意，女人的手几次轻轻划过法师的手，法师也不禁挥起手来。

让他上京学唱戏，

让他去寺院学写字，

寺里的和尚是贪图享乐的和尚，

从高高的缘廊推下去。

唱到这里，她高高抛起手鞠，咚一声拍下去，手鞠弹得老高。

“等等。在我的故乡，每年阴历二月开涅槃会[①]的时候，镇里的女孩子们都打扮成一个样子，每个人拿两三个手鞠来到山里的寺院，比谁拍手鞠拍得好。年轻男人们都有意回避，躲在钟楼里，看得入迷……临近黄昏，姑娘们都来到大寺院。就在她们和远处墙壁上挂着的色彩鲜艳的涅槃图融合成一幅

---

①日本传统节日。阴历二月十五日传说是释迦牟尼涅槃的日子，这天日本各地寺院挂出涅槃图，诵读佛经。

画的时候，正殿后功德堂昏暗的走廊里，一个看上去非常妖艳的女孩子，手里抱着手鞠，快步走出来，经过墓地旁边的明窗下面。我看她走着走着，就不知道融进了谁的影子里，找不到了。她就是这个人。她还是当时的样子，一模一样。”

法师在心中想道，恐怕叶越明也在做梦，而且正好梦到站在钟楼里看刚刚那幅情景。当钟被撞响的那一刻，也就是他醒来的时候。他刚刚想到这里……

随着拍手鞠的动作，她鬓角的头发柔顺地划过脸庞。或许那是头发的影子，她眼角的阴影中似乎露出一丝寂寞的神情。

掉了簪子，

掉了髻芯。

她唱着，左右手交错着接住手鞠，这时发髻的根部摇晃了一下，黑发哗的一下散落在肩上。

也不知道是为自己头发乱掉的样子感到害羞，还是想拍到这里为止，她摇摇晃晃地站起来，回头看小女孩捡起手鞠，朝蚊帐边走去。她站在那里，仰头直直地朝屋顶望去，和服下摆凌乱。

“哎呀，云层乱了。——他的母亲在花丛中心生动摇。噢，是要给自己最疼爱的孩子哺乳吗？还是说她看到我，心里起了波澜？贵僧，您大概看不到，住在地底的我们，哪怕是白天也能抬头仰望星光，也能清晰地看到他母亲的样子。她那里是天宫，这里是地狱，我们甚至不能够交谈。

“正在美妙梦境中的他……

“快看，你的母亲就在那里。哪怕是魔界的尘土，也不能污染爱怜之心。请用我的衣袖当作镜子看看吧。现在，我眼中的泪水，是传递母爱的、母乳的水滴啊。”她斜过袖口，靠近脸边，低垂着面庞，扑簌扑簌地落下泪水。

“唉，你回到小时候，想要喝奶……哎呀，他要睡醒了……

“再见了，再见了，贵僧。趁他还没从梦中醒来。”她单手点地，行礼告别。

从玄关到庭院，响起了熙熙攘攘的人声。

女人揉揉眼睛，又睁开双眼，与正擦着眼泪的法师道别。那个狗脸的侍女首先站起来，扬起她那火焰般深红的衣袖，无声地打开了防雨板。女人静静地，在防雨板外面的夜空中散落的繁星下出发。在阴历十四的月亮还尚存余光的晨晖中，露出一半脸颊的她，就像薄云下含苞待放的牵牛花，头发轻轻甩到脑后，又回头看了一眼蚊帐里的人。

“呀！”

忽然，叶越明大喊了一声，撩开蚊帐，飞了出来。

法师拽住了叶越明的衣服。这时，呼啦一下，一个巨大的身躯出现在了扭打成一团的两人面前。他就像被雾霭包裹的树林一样,撑开黄色的帷幕,抬头挺胸地站在屋檐下面。

“借过!”

他大喝一声。

“嗬!”

奇妙的事情发生了。傍晚宰八放在缘廊边的用来打水的水桶,忽悠一下倒了个个儿,里面的水哗啦一下洒了出来,桶的把手像两条腿一样,一步一步地向前走了出去。

井水奔流在后,随即黎明的白云像烟雾一样流淌下来,流过庭院的草丛,月亮沉下来,变成一只小船,船头穿行在牵牛花之间,轻盈地向前划去。那个身形巨大的魔物的袖子,幻化成船帆。女人躲在帷帐对面。

这是往哪里的小路呢,

小路呢?

这是通往秋谷宅子的小路啊,

小路啊。

让我快点儿通过吧。

怀念的声音传来。刚想到这里,一阵风就从树林中吹了过来,树叶变成绿色的急流……天上一丝云彩,啊啊,一丝云彩。

明治四十一年(1908)一月